Holt Spanish 2

Cuaderno de vocabulario y gramática

Accelerated Practice

HOLT, RINEHART AND WINSTON
A Harcourt Education Company
Orlando • **Austin** • New York • San Diego • Toronto • London

Contributing Writers

JoDee Costello

Delia Montesinos

Reviewer

Mayanne Wright

Copyright © by Holt, Rinehart and Winston

All rights reserved. No part of this publication may be reproduced or transmitted in any form or by any means, electronic or mechanical, including photocopy, recording, or any information storage and retrieval system, without permission in writing from the publisher.

Teachers using ¡EXPRÉSATE! may photocopy complete pages in sufficient quantities for classroom use only and not for resale.

¡EXPRÉSATE!, HOLT, and the "Owl Design" are trademarks licensed to Holt, Rinehart and Winston, registered in the United States of America and/or other jurisdictions.

Printed in the United States of America

ISBN 978-0-55-400015-2

ISBN   0-55-400015-6

1 2 3 4 5 6 7 152 12 11 10 09 08 07

Table of Contents

Copyright © by Holt, Rinehart and Winston. All rights reserved.

Familiares y amigos

1 Mira los dibujos y decide cómo es cada persona o cada grupo. Completa cada oración con la palabra más apropiada.

extrovertidos	rubias	una bicicleta	morenas	serios
una silla de ruedas	bonito	activo	alto	castañas

1. María está en _____.

2. Rubén es _____ y su hermano es bajo.

3. Soy _____.

4. Cristina y Nancy son _____.

5. A ellos les gusta charlar. Son _____

Copyright © by Holt, Rinehart and Winston. All rights reserved. (1)

VOCABULARIO 1

2 Adriana pregunta qué les gusta hacer a sus amigos. Escribe la letra de la oración más apropiada según el contexto.

_____ 1. Les gustan los deportes.

_____ 2. Les gusta quedarse en casa.

_____ 3. Prefieren pasar el rato solos.

_____ 4. Les encanta ir de compras.

_____ 5. Prefieren jugar al tenis.

_____ 6. Les gusta ir a fiestas.

> **a.** Los amigos se reúnen para bailar y hablar.
> **b.** Carla y Gema van al centro comercial.
> **c.** Rubén y Marcos juegan al béisbol y al fútbol americano.
> **d.** Juan y Laura leen revistas y estudian en sus cuartos.
> **e.** María y Patricia ven películas en la televisión.
> **f.** A Laura y a Adrián no les gusta la televisión, pero les gusta hacer ejercicio.

3 Manuel y Rosa son compañeros de clase. Completa la conversación con las expresiones del cuadro.

¿Cómo son tus padres?	**¿Cómo eres tú?**	**vemos películas**	**soy**
¿Qué haces por la mañana?	**los fines de semana**	**me levanto**	**serio**
¿Qué hacen ustedes	**la semana pasada**	**te levantas**	**alta**
los fines de semana?			

Rosa Yo (1)_____ extrovertida.

(2)_____

Manuel Soy muy (3)_____ como mi

papá y generoso como mi mamá.

(4)_____

Rosa Mi papá es muy activo y mi mamá también. Como ellos, yo

(5)_____ a las 7:00 todas

las mañanas. (6)_____

Manuel Los días que voy al colegio me levanto temprano, pero

(7)_____ me levanto tarde

y luego veo a mis amigos.

(8)_____

Rosa Jugamos al ajedrez o (9)_____.

Copyright © by Holt, Rinehart and Winston. All rights reserved.

VOCABULARIO 1

4 Ayuda a Mario a describir a su familia. Escoge la palabra que mejor completa cada oración.

_____ **1.** Mi padre trabaja en el jardín. Es _____.
  a. activo   **b.** alto   **c.** extrovertido

_____ **2.** Yo soy moreno, pero mis hermanas son _____.
  a. bonitas   **b.** rubias   **c.** simpáticas

_____ **3.** Mi madre prefiere estar con mucha gente y tiene muchos amigos. Es _____.
  a. extrovertida   **b.** bonita   **c.** intelectual

_____ **4.** Como mi tío practica deportes todos los días, es _____.
  a. tímido   **b.** atlético   **c.** introvertido

_____ **5.** A mi primo le encantan los juegos de mesa; por eso juega al _____.
  a. tenis   **b.** fútbol americano   **c.** ajedrez

5 Imagina que eres una persona famosa. Contesta estas preguntas sobre ti, tu familia y tus amigos.

1. ¿Qué te gusta hacer los fines de semana?

_____

2. ¿Cómo eres?

_____

3. ¿Cómo son tus padres?

_____

4. ¿Qué te gusta más hacer? ¿Por qué?

_____

5. Y a tus amigos, ¿qué les gusta hacer?

_____

6. ¿Cómo es tu mejor amigo(a)?

_____

7. A tu familia, ¿qué actividad le gusta más?

_____

Copyright © by Holt, Rinehart and Winston. All rights reserved.

Nombre _____ Clase _____ Fecha _____

CAPÍTULO

Familiares y amigos

GRAMÁTICA 1

Nouns, adjectives and *gustar*

- Change the **-o** in masculine adjectives to **-a** and add **-a** to adjectives that end in **-r** to make them feminine. Adjectives that end in **-e** do not change forms.
- Add **-s** to nouns or adjectives that end in a vowel to make them plural. Add **-es** if they end in a consonant.
- Use **a** + **mí/ti/nosotros/vosotros/usted/él/ella/ustedes/ellos/ellas** + **me/te/nos/os/le/les** + **gusta(n)** + *infinitive* or *noun(s)* to say what you and others like.

---

6 Lee la nota que escribió María sobre su familia y después, contesta las preguntas con frases completas.

Soy María y les voy a hablar de mi familia. Mi hermano mayor es Juan y mi hermana menor es Patricia. Juan es muy atlético y le gusta jugar al tenis y al fútbol americano. Patricia es muy tímida. Por eso ella prefiere pasar el rato sola leyendo revistas. Yo soy muy activa, y me encanta trabajar en el jardín con mi madre los fines de semana. Los tres somos altos, como mi padre, pero tenemos los ojos de color café, como mi madre.

1. ¿Cuál de las hermanas es mayor?

   _____

2. ¿Cómo es la hermana menor de María?

   _____

3. ¿Qué tienen en común *(in common)* los hermanos y su padre?

   _____

4. ¿Qué tienen en común los hermanos y su madre?

   _____

5. ¿Por qué Patricia no juega al fútbol ni al tenis?

   _____

7 Sandra describe lo que le gusta hacer a su familia. Escribe el pronombre correcto y la forma correcta de **gustar** para completar cada oración.

1. A mí _____ los deportes.
2. A mi hermano _____ ir al cine.
3. A ellos no _____ quedarse en casa.
4. A Carlos y a mí _____ la música.
5. A ustedes _____ los videojuegos.

Holt Spanish 2   Cuaderno de vocabulario y gramática ▲
Copyright © by Holt, Rinehart and Winston. All rights reserved.   (4)

GRAMÁTICA 1

Present tense of regular verbs

- Remember to form the present tense by replacing the **-ar, -er,** and **-ir** endings with the appropriate ending for each subject.

8 Completa el párrafo con la forma correcta del verbo.

asistir	caminar	correr	nadar	hablar	montar	regresar
repasar	comer	tomar				

Por la mañana yo (1)_____ a clases. Mis amigas y yo

(2)_____ con los profesores sobre la tarea. Después, mi mejor

amiga (3)_____ su almuerzo y yo (4)_____ leche.

Luego (5)_____ la tarea. Después de las clases, algunos com-

pañeros (6)_____ en la piscina del colegio y otros

(7)_____. Yo (8)_____ en bicicleta para regresar a

casa. Y tú, Claudia, ¿(9)_____ en bicicleta o

(10)_____ para llegar a casa?

Present tense of stem-changing verbs

- Remember that some verbs have a stem change in the present tense (o → ue, u → ue, and e → ie). The **nosotros** and **vosotros** forms do not have stem changes.

---

jugar	dormir	preferir	poder	pensar	empezar	querer

9 José habla de lo que *(what)* hacen todos después de las clases. Completa las oraciones con la forma correcta de uno de los verbos de la caja.

1. A Tomás y Rosa no les gusta el autobús porque _____ caminar.

2. Nosotros _____ al fútbol cuando hace buen tiempo.

3. Cuando llueve nosotros _____ jugar al ajedrez.

4. Tú _____ a hacer la tarea inmediatamente *(immediately)*.

5. Joaquín no _____ descansar después de las clases.

   _____ leer.

6. Mis compañeros _____ que trabajar en el jardín es divertido. Yo

   _____ que es aburrido.

7. Tú _____ la siesta al llegar a casa.

Copyright © by Holt, Rinehart and Winston. All rights reserved.   5

GRAMÁTICA 1

Present tense of e → i and other irregular verbs

- In the present tense, the letter **e** changes to **i** in all forms of **pedir** and **servir** except the **nosotros** and **vosotros** forms.

- The verbs **salir, poner, hacer, traer, saber, venir,** and **tener** have an irregular **yo** form.

- Reflexive pronouns refer to the same person as the subject pronoun. They are **me, te, se, nos,** and **os**.

10 Contesta las preguntas de Ricardo con oraciones completas.

1. ¿A qué hora sales para el colegio?

_____

2. ¿Sabes cocinar algún plato mexicano?

_____

3. ¿Qué música pones para estudiar?

_____

4. ¿Qué piden tú y tus amigos para beber en la cafetería del colegio?

_____

5. Mis amigos y yo traemos CDs al colegio. ¿Qué traes tú?

_____

11 Usa la información de abajo para escribir oraciones completas.

1. Yo / levantarse / las siete y media

_____

2. Laura / secarse / el pelo después de bañarse

_____

3. Yo / bañarse / a las nueve y media

_____

4. Ana y Laura / lavarse / las manos antes de almorzar

_____

5. Laura y Luis / levantarse / las ocho

_____

6. Luis y yo / acostarse / temprano

_____

Copyright © by Holt, Rinehart and Winston. All rights reserved.

Familiares y amigos

12 La familia Rodríguez se prepara para celebrar el cumpleaños de la abuela. Completa lo que dice la nieta con la palabra más apropiada.

limpiarla	ayudarla	ayuda	vamos	limpiar
sacar	arreglo	decora	tenemos	cena
aspiradora	paso			

1. Esta noche _____ a celebrar el cumpleaños de la abuela.

2. Yo _____ la sala.

3. Papá _____ el patio.

4. Mamá prepara la _____.

5. Todos tenemos que _____.

6. Nosotros vamos a _____ los cuartos.

13 Mónica y su familia pasan un fin de semana de vacaciones. Di qué piensan hacer escribiendo la letra del verbo más apropiado según el contexto. Usa cada verbo sólo una vez.

MODELO Les gustan los árboles y los jardines.

Piensan __f__ el parque.

A Mónica y a su familia...

1. Les gustan los animales. Piensan ____ zoológico.

2. Les gusta el arte. Piensan ____ un museo.

3. Les gusta caminar por las calles.

   Piensan ____ el centro.

4. Les gustan los tamales, las flores y los

   dulces. Piensan ____ al mercado.

5. Les gusta el agua. Piensan ____ bote.

a. visitar
b. pasear en
c. ir a conocer
d. ir al
e. ir de compras
f. correr por

Copyright © by Holt, Rinehart and Winston. All rights reserved.

VOCABULARIO 2

14 Completa estas oraciones con una palabra adecuada del cuadro. No vas a utilizar todas las palabras.

quiero	mercado	comida	olvides	puedo	conocer	césped

1. No te _____ de limpiar el cuarto.

2. Vamos a _____ el centro de la ciudad.

3. Yo quiero ir de compras al _____.

4. Mi hermano se queda en casa. Necesita cortar el _____.

5. Mi madre también está en casa. Ella prepara la _____.

6. Mi padre le pregunta: ¿_____ ayudarte?

15 Unos amigos hablan sobre sus planes después de las clases. Responde a sus preguntas con la palabra o expresión más apropiada entre paréntesis y otros detalles para formar una oración completa.

MODELO ¿Qué quieres hacer esta tarde?
(poder / querer) **Quiero ir a la playa.**

1. ¿Adónde piensan ir esta noche tú y tus amigos?

   (ir / ayudar) _____

2. ¿Qué quieres hacer, ir al centro o a visitar un museo?

   (preferir / necesitar) _____

3. ¿Qué te gusta ver en la televisión?

   (levantarse / encantarse) _____

4. ¿Adónde piensan ir tú y tu familia este fin de semana?

   (tener ganas / no estar) _____

5. ¿Tienes planes para esta tarde?

   (no olvidarse / no saber) _____

Copyright © by Holt, Rinehart and Winston. All rights reserved.

VOCABULARIO 2

16 Carmen pregunta a su mamá cómo puede ayudarla. Di qué debe hacer usando las palabras en paréntesis.

1. ¿Qué hay que hacer en la cocina? (tener / sacar la basura)

_____

2. ¿Qué hay que hacer en el baño? (tener / limpiar)

_____

3. ¿Puedo ayudarte? (sí / sacar la basura)

_____

4. ¿Qué hay que hacer en el comedor? (deber / poner la mesa)

_____

5. ¿Qué más tengo que hacer? (deber / poner / postre / refrigerador)

_____

6. ¿Qué más hago? (pasar / aspiradora / sala)

_____

7. ¿Algo más? (sí / no olvidarse / cortar / césped)

_____

17 Contesta las preguntas sobre ti y tus quehaceres domésticos *(chores)*.

1. ¿Qué prefieres hacer?

_____

2. ¿Te gusta más ayudar en la cocina o trabajar en el jardín? ¿Por qué?

_____

3. ¿Qué quehaceres domésticos tienes que hacer todos los días?

_____

4. ¿Qué haces los fines de semana para ayudar a tus padres?

_____

5. ¿Qué tienes que limpiar? ¿Con qué frecuencia?

_____

Holt Spanish 2

Cuaderno de vocabulario y gramática ▲

Copyright © by Holt, Rinehart and Winston. All rights reserved.

Familiares y amigos

Tener expressions and verbs followed by infinitives

- **Tener** is used in many common expressions that express physical or emotional states. **Tener ganas de** means *to feel like* and **tener + que** expresses obligation. Both are followed by an infinitive.

- **Deber, poder, pensar, preferir, querer,** and **gustar** can also be followed by an infinitive.

---

18 Ricardo tiene un problema y habla con José Manuel. Completa las oraciones con el verbo o la expresión en paréntesis más apropiada.

— **(1)**_____ (Tengo que / Tengo) ir al partido, pero no quiero ir.

—¿No te gusta **(2)**_____ (jugar / juegas) al fútbol?

— Me encanta, pero también **(3)**_____ (tengo prisa / tengo que) porque

tengo un examen de español y quiero **(4)**_____ (estudiar / estudio).

— **(5)**_____ (Deber / Debes ir) al partido de fútbol.

— No puedo **(6)**_____ (hacer / hago) las dos cosas. Además,

(7)_____ (tengo sueño / tengo frío) y el partido termina muy tarde.

No puedo, de verdad.

— Sí, puedes. **(8)** Pienso _____ (ir / voy) contigo.

The present progressive

- The present progressive is formed with a conjugated form of **estar** followed by the present participle. The present participle is formed by adding **-ando** to the stem of **-ar** verbs and **-iendo** to the stem of **-er** and **-ir** verbs.

- Change **i** to **y** between vowels. **leer → leyendo.**

---

19 Un grupo de estudiantes está en la biblioteca. Completa las oraciones con la forma del presente progresivo de los verbos entre paréntesis.

1. Unos estudiantes _____ (esperar) para entrar.

2. Nosotros _____ (hacer) cola para usar la computadora.

3. Un señor _____ (aprender) usar la computadora.

4. Unos niños _____ (escribir) unas cartas.

5. Yo _____ (leer) mi libro de ciencias.

Holt Spanish 2   Cuaderno de vocabulario y gramática ▲

Copyright © by Holt, Rinehart and Winston. All rights reserved.

GRAMÁTICA 2

Ir a with infinitives, direct object pronouns

• To say what you or others are going to do use **ir a** with an infinitive.

  Mañana vienen mis abuelos. **Van a estar** unos días con nosotros.

• Use direct object pronouns to replace nouns and avoid repetition.

me	nos	—¿Vas a limpiar **el baño?**
te	os	—Sí, voy a limpiar**lo.**
lo / la	los / las	—Sí, lo voy a limpiar.

---

20 Susana habla de lo que van a hacer ella y su familia el próximo fin de semana. Completa el párrafo usando **ir a** + infinitivo *(infinitive).*

Este fin de semana mi hermano **(1)**_____ en la piscina

del club y mi hermana **(2)** _____ para el examen

de francés. Mi mamá **(3)** _____ de compras en

la ciudad de México y tú **(4)** _____ con ella.

Mi prima **(5)** _____ el piano durante un concierto, pero

yo tengo ganas de descansar. Por eso, **(6)** _____ hasta

muy tarde.

21 Manuel pregunta lo que estás haciendo o lo que vas a hacer. Contesta las preguntas, usando un pronombre de objeto directo.

1. ¿Vas a invitar a Juan y Alberto a tu casa?

   _____

2. ¿Vas a ayudar a tu mamá a poner la mesa?

   _____

3. ¿Estás leyendo ese libro?

   _____

4. ¿Vas a llevar las flores a la fiesta?

   _____

5. ¿Estás haciendo la tarea?

   _____

Copyright © by Holt, Rinehart and Winston. All rights reserved.

GRAMÁTICA 2

> ## Affirmative and negative informal commands
>
> - To form the informal affirmative command, drop the **-s** of the **tú** form of the verb. If there is a direct object pronoun, attach it to the end of the command.
>
>   Come**s las verduras. → cómelas.**
>
> - To form an informal negative command, take the **yo** form of the verb, drop the **-o,** and add the opposite **tú** form ending (**comer → comas**). Put the word **no** followed by the direct object pronoun in front of the verb: **No las comas.**
>
>   Verbs with irregular informal negative commands:
>
>   **dar → no des   estar → no estés   ir → no vayas   ser → no seas**
>
>   Verbs ending in **-car, -gar, -zar** have the following spelling changes.
>
>   **tocar → no toques   llegar → no llegues   empezar → no empieces**

22 Elisa habla con su hermano. Sigue el modelo para completar las oraciones.

MODELO Lees el libro muy rápidamente. **Léelo** despacio, por favor.

1. Bebes leche todo el día. _____ después de cenar.

2. Cantas muy bien la canción. _____ en la fiesta.

3. Miras las flores en el jardín. _____ en el patio.

4. Dibujas animales de color negro. _____ con colores.

5. Buscas mis llaves. _____ en la sala.

23 La abuela siempre tiene que decirle "no" a Raúl, su nieto de siete años. Sigue el modelo para crear mandatos. Usa pronombres cuando sea apropiado.

MODELO romper los juguetes **No los rompas.**

1. saltar *(to jump)* en la cama _____

2. ir al cine sólo _____

3. pintar las paredes _____

4. correr en la piscina _____

5. llegar tarde a clase _____

6. ser travieso _____

7. comer dulces _____

8. tocar la guitarra por la noche _____

Copyright © by Holt, Rinehart and Winston. All rights reserved. (12)

En el vecindario

1 Margarita quiere saber qué hacen sus vecinos. Escribe la letra de la oración que corresponda según el contexto.

_____ 1. comerciante

_____ 2. ingeniero

_____ 3. banquera

_____ 4. bombero

_____ 5. periodista

_____ 6. conductora

_____ 7. programador

_____ 8. dentista

a. La señora Rodríguez conduce un autobús.
b. El señor Pérez diseña páginas Web.
c. María tiene una tienda de regalos.
d. La señorita Ramírez presta dinero.
e. Raúl construye edificios.
f. Ricardo escribe reportajes (*news reports*).
g. Roberto apaga incendios.
h. El doctor Sánchez cuida los dientes de las personas.

2 ¿A qué se dedican estas personas? Describe lo que hace cada persona.

MODELO Soy policía. ¿Qué hago? **Ayuda a las personas.**

1. Soy secretario. ¿Qué hago?

_____

2. Soy mujer cartero. ¿Qué hago?

_____

3. Soy peluquera. ¿Qué hago?

_____

4. Soy enfermero. ¿Qué hago?

_____

5. Soy carpintero. ¿Qué hago?

_____

6. Soy mecánico. ¿Qué hago?

_____

7. Soy trabajadora social. ¿Qué hago?

_____

Copyright © by Holt, Rinehart and Winston. All rights reserved.

3 La señora Ruiz quiere información sobre sus vecinos y le pregunta a la señora Pérez a qué se dedican. Completa las respuestas de la señora Pérez con expresiones apropiadas.

   MODELO —¿A qué se dedica la vecina de la casa azul?

   —Es peluquera. Sabe **cortar el pelo.**

1. —¿Qué clase de trabajo realiza el señor Gómez?

   —Es mecánico. Sabe _____.

2. —¿A qué se dedica el señor Zorrilla?

   —Es conductor. Sabe _____.

3. —¿A qué se dedica la señora Soto?

   —Es cocinera. Sabe _____.

4. —¿Qué clase de trabajo realiza la señorita Ruiz?

   —Es dentista. Sabe _____.

5. —¿A qué se dedica el vecino de al lado?

   —Es comerciante. Sabe _____.

6. —¿Qué clase de trabajo realiza tu hijo?

   —Es programador. Sabe _____.

7. —¿A qué se dedica la señorita López?

   —Es profesora. Sabe _____.

8. —¿Qué clase de trabajo realiza Marta?

   —Es trabajadora social. Sabe _____.

9. —¿Qué clase de trabajo realiza el señor Ramírez?

   —Es médico. Sabe _____.

10. —¿A qué se dedica la señora Gómez?

    —Es banquera. Sabe _____.

11. —¿Qué clase de trabajo realiza la señora Zorrilla?

    —Es abogada. Sabe _____.

12. —¿A qué se dedica Alejandro?

    —Es enfermero. Sabe _____.

Copyright © by Holt, Rinehart and Winston. All rights reserved.   **(14)**

En el vecindario

4 Mira los dibujos y escribe el oficio de cada persona.

  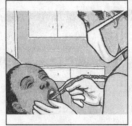 

1. _____ 2. _____ 3. _____ 4. _____

5. _____ 6. _____ 7. _____ 8. _____

5 Víctor acaba de mudarse al *(move to the)* vecindario y Raquel le presenta a los vecinos. Completa la conversación con las expresiones del cuadro. No tienes que usar todas las expresiones y puedes usar algunas más de una vez.

te presento a	los Álvarez	señora Suárez
a los vecinos	me llamo Víctor Prieto	mucho gusto
presentarte a	el gusto es mío	encantado

Víctor Hola, Raquel. ¿Conoces (1)_____?

Raquel Sí. Ahora quiero (2)_____

mis vecinos de la casa de al lado, (3)_____.

Víctor (4)_____. Acabo de

mudarme al barrio. Raquel y yo vamos a la misma escuela.

Raquel (5)_____ mi amiga y vecina Rosario.

Víctor Hola, (6)_____, Rosario. Yo

(7)_____.

Rosario (8)_____.

Raquel Quiero (9)_____ la

(10)_____. Vive cerca de mí.

Copyright © by Holt, Rinehart and Winston. All rights reserved.

GRAMÁTICA 1

Indirect objects and indirect object pronouns

• In a sentence, the **indirect object** is the person who *receives* the direct object or who benefits from the action of the verb. Use the preposition **a** before the indirect object.

El comerciante **le** vendió calculadoras **a las secretarias.**

• An **indirect object pronoun** takes the place of the indirect object noun or goes with it in the same sentence.

Un carpintero **le** hizo una silla a **Margarita.**
Un carpintero **le** hizo una silla.

• Place **indirect object pronouns** in the same way you would place reflexive pronouns and direct object pronouns.

me *me*		**nos** *us*	
te *you*		**os** *you*	
le *you, him, her*		**les** *you, them*	

Ayúda**me** a escribir una carta.

---

6 Completa las oraciones con el complemento indirecto *(indirect object pronoun)* apropiado.

1. La profesora _____ lee un cuento a los niños.

2. El cartero _____ trae el correo a ti.

3. El comerciante _____ puede enseñar a José a vender.

4. El periodista _____ contó la noticia a Olga y a mí.

5. Las enfermeras _____ dan las medicinas a los enfermos.

6. La programadora _____ puede prestar la computadora a mí.

7. El conductor siempre _____ dice «buenos días» a la gente.

8. La secretaria del colegio _____ ayuda a los estudiantes.

9. Le gusta contar _____ chistes a mí.

10. Prepára _____ el desayuno a tu hermano.

11. El abogado _____ da consejos a los profesores.

12. Necesito traer _____ el dinero que me prestaste.

13. Vosotros sabéis que los periodistas siempre _____ dicen la verdad *(truth).*

14. La profesora _____ puede enseñar a usted a contar en español.

Cuaderno de vocabulario y gramática ▲

Copyright © by Holt, Rinehart and Winston. All rights reserved.

En el vecindario

CAPÍTULO
2

GRAMÁTICA 1

Indirect objects and indirect object pronouns; *dar* and *decir*

Indirect objects are used with verbs such as **dar** and **decir**. These verbs are for *giving* or *telling* **something** to **someone**.

Ángel no **le** dice nada a **Mariana**.   Luis **me** da su libro.

---

7 Roberto escribe lo que hacen las personas en su oficio. Completa las oraciones del párrafo con el pronombre apropiado y la forma correcta de **dar** o **decir**.

En mi libro de oficios hay muchas fotografías. En una, los dentistas
_____ a los niños que deben lavarse los dientes.
En otra un peluquero _____ a una señora un peine.
Y en ésta, un ingeniero _____ los diseños (*designs*) a
los carpinteros. Ah, y aquí hay unas fotos de mi familia. En esta foto mi papá, que
es mecánico, _____ (a ti) que tu carro tiene problemas.
Y aquí, las cocineras de la cafetería _____ pastel a Luis y a
mí y nosotros _____ las gracias.

Saber and conocer

• **Saber** and **conocer** mean *to know*. Both have irregular present tense **yo** forms.

• Use **saber** to say that you know a fact or some information or to say you know how to do something.

   —¿**Sabes** dónde está la escuela?   —No, no **sé** dónde está.
   —¿**Sabe** usted hablar francés?   —Sí, **sé** hablar un poco.

• Use **conocer** to say whether you know people, places, or things.

   —¿**Conoces** el centro comercial?   —Sí, y **conozco** a un comerciante allí.

---

8 Completa el diálogo de Susana y Raúl con la forma correcta de **saber** o **conocer**.

—Susana, ¿**(1)**_____ a todos los vecinos?

—Yo no los **(2)**_____ a todos. Pero los señores Garza

   (3)_____ cómo se llaman todos y los **(4)**_____

   muy bien. ¿Y tú, **(5)**_____ bien tu vecindario?

—Sí, **(6)**_____ dónde están el colegio, el mercado y la oficina de

   correos. ¿**(7)**_____ a la hija de la señora Pérez? Va a ser mi vecina.

—Sí, cómo no. Es muy inteligente, **(8)**_____ hablar tres idiomas.

Copyright © by Holt, Rinehart and Winston. All rights reserved.
(17)

GRAMÁTICA 1

Uses of ser, adjectives of nationality
Use the verb **ser** to

• tell time and say at what time something happens.

    Son las tres.
    El partido **es** a las cuatro.

• say what belongs to someone.

    Es mi libro. **Son** los vecinos de Carlos.

• say who or what someone or something is.

    Maribel **es** periodista.
    Es la oficina donde trabaja ella.

• say what someone is like.

    Maribel **es** bonita.

• say where someone is from and describe someone's nationality.

    Mi familia y yo **somos** de El Salvador. Mi vecina **es** chilena.

---

9 Lee lo que escribió una estudiante. Luego contesta las preguntas. Usa el verbo **ser** en tus respuestas.

Me llamo Alicia Rodríguez y estudio en el colegio Mi Patria. Mi familia es de Perú. Somos mis padres, mis dos hermanos y yo. Mi padre trabaja en un taller y sabe arreglar carros muy bien. Mi madre es de México y trabaja como secretaria en el taller de mi padre. Mis hermanos, Miguel y Raúl, son mayores que yo. Miguel es ingeniero y Raúl es médico. A mi familia y a mí nos gusta ir a la playa los fines de semana.

1. ¿Quién escribió el párrafo y a qué se dedica?

    _____

2. ¿Cómo se llama su colegio?

    _____

3. ¿De dónde es su familia y cuántos son?

    _____

4. ¿A qué se dedica su padre?

    _____

5. ¿Cuál es la profesión de su madre?

    _____

6. ¿Quiénes son sus hermanos?

    _____

Copyright © by Holt, Rinehart and Winston. All rights reserved.
(18)

En el vecindario

10 Tacha *(cross out)* lo que NO pertenece a cada parte de la casa.

1. **sala**	2. **habitación**	3. **baño**	4. **cocina**
sillón	cómoda	televisor	inodoro
ducha	estante	inodoro	estufa
mesita de	cuadros	fregadero	lavadora
noche	lavabo	bañera	secadora
lavaplatos	estufa	lavabo	sillón
lámpara			

11 Escribe un párrafo que describe la habitación del dibujo. Incluye una descripción de los muebles y dónde se encuentran en la habitación.

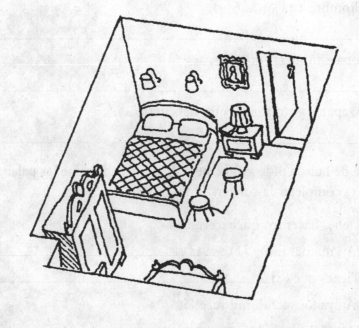

_____

_____

_____

_____

_____

_____

_____

_____

Copyright © by Holt, Rinehart and Winston. All rights reserved.

VOCABULARIO 2

12 En la casa de Emilio hay mucho desorden. Escribe lo que **hay que** hacer para arreglarla. Usa un complemento directo cuando sea posible.

MODELO La basura está en la cocina.
Hay que sacarla.

1. En la habitación de Emilio hay polvo *(dust)* encima de todos los muebles.

_____

2. La mamá de Emilio tiene muchas plantas.

_____

3. Emilio tiene dos perros y un gato.

_____

4. La alfombra está sucia *(dirty)*.

_____

5. La ropa está sucia *(dirty)*.

_____

6. Hay zapatos y ropa en el piso del cuarto.

_____

13 La mamá de Luis le pide ayuda, pero él se queja. Escribe las palabras o frases que faltan para completar la conversación.

Mamá Debes hacer los quehaceres.

Luis ¡Ay, mamá! Estoy (1) _____ de hacerlos.

Mamá Tienes que (2) _____.

Luis ¡Ay, ya los sacudí mil veces!

Mamá Haz el favor de (3) _____ del jardín, también.

Luis Ya las regué.

Mamá ¿A quién le toca (4) _____ ?

Luis Le toca a Julieta lavarlos y secarlos.

Mamá Necesitas (5) _____.

Luis Ay, mamá. Ya la pasé.

Copyright © by Holt, Rinehart and Winston. All rights reserved.

En el vecindario

14 Mira el dibujo. Imagina que ésta es tu casa y un amigo te visita por un fin de semana. Dile dónde están las cosas.

1. ¿Me dices dónde están la lavadora y la secadora?

   _____

2. ¿Me dices dónde está el televisor? _____

3. ¿Me dices dónde está el armario? _____

4. ¿Me dices dónde están los platos y el fregadero? _____

5. ¿Me dices dónde está la cocina? _____

15 Imagina que vives en una casa ideal. Describe tu habitación y tres otros cuartos. Incluye los muebles que tienen los cuartos y dónde se encuentran todos.

_____

_____

_____

_____

_____

_____

_____

_____

_____

Copyright © by Holt, Rinehart and Winston. All rights reserved.

GRAMÁTICA 2

Ser and estar
Use **ser** to. . .

- say where something takes place.

    La clase de francés **es** en la biblioteca.

- describe characteristics of someone or something.

    Carolina **es** guapa y simpática.

Use **estar** to. . .

- say what is going on now.

    Eduardo **está comiendo** una ensalada.

- say where someone or something is.

    Cristina **está** en la piscina.

- say how someone feels or how food tastes.

    Jesús **está** cansado.

    Ese pollo **está** bueno.

---

16 Jorge charla con sus amigos sobre su familia y su casa nueva. Completa las oraciones con las formas correctas de los verbos **ser** o **estar**.

1. Mi casa _____ bastante grande.

    _____ enfrente de un parque.

2. Mi habitación, que _____ en el primer piso,

    _____ de color blanco y azul.

3. Mi papá _____ muy trabajador y

    _____ construyendo un cuarto para la lavadora.

4. Mi mamá _____ comprando muebles para la sala.

    Ella _____ activa.

5. Mi hermana _____ contenta hoy porque

    la reunión con sus amigas _____ en la casa de al lado.

6. Yo _____ aprendiendo a cocinar. Mi hermano dice que

    el arroz que preparé hoy _____ muy rico.

Copyright © by Holt, Rinehart and Winston. All rights reserved.
(22)

En el vecindario

> **Some expressions followed by infinitives**
>
> To say what someone has to do:
> - use the verbs **deber** or **tener que** with an infinitive.
>
>   **Debes organizar** el estante.   **Tenemos que lavar** la ropa.
>
> - use the expression **me/te/le/nos/les toca** with an infinitive.
>
>   A ustedes **les toca arreglar** la sala y a mí **me toca sacudir** los muebles.
>
> To say what has to be done:
> - use the expressions **hay que** and **favor de** with an infinitive.
>
>   **Hay que comprar** una lavadora.   **Favor de sacar** la basura.

17 Mira la siguiente tabla de quehaceres en la casa de la familia González. Luego contesta las preguntas siguientes.

	Carolina	Mamá	Papá	Yo
lavar la ropa		X	X	
sacar la basura	X			
darle de comer al perro				X
limpiar el baño	X			
organizar el garaje			X	
sacudir los muebles		X		
lavar los platos				X
barrer el piso	X			

1. ¿Qué debe hacer Carolina? _____

_____

2. ¿Qué tiene que hacer Mamá? _____

_____

3. ¿Qué le toca hacer a Papá? _____

_____

4. Y a mí, ¿qué me toca hacer? _____

_____

Copyright © by Holt, Rinehart and Winston. All rights reserved.   (23)

Nombre _____ Clase _____ Fecha _____

GRAMÁTICA 2

> ## Preterite of -ar, -er, -ir verbs and hacer and ir
> • Verbs with **-ar** and **-er** endings do not have stem changes in the preterite.
>
> | | lavar | vender | sacudir | hacer | ir |
> |---------------|------------|------------|-------------|------------|------------|
> | yo | lavé | vendí | sacudí | hice | fui |
> | tú | lavaste | vendiste | sacudiste | hiciste | fuiste |
> | Ud., él, ella | lavó | vendió | sacudió | hizo | fue |
> | nosotros(as) | lavamos | vendimos | sacudimos | hicimos | fuimos |
> | vosotros(as) | lavasteis | vendisteis | sacudisteis | hicisteis | fuisteis |
> | Uds., ellos(as)| lavaron | vendieron | sacudieron | hicieron | fueron |
>
> —Luis y yo **fuimos** a la casa.   Luis **lavó** la ropa y yo **sacudí** el estante.

18 Lee lo que hace Carla durante el día. Escribe las oraciones en orden y en el pretérito.

• Antes del almuerzo, sacudo los muebles y barro el piso.
• Por la tarde, voy al mercado.
• Me visto y hago la cama.

• Antes de dormir, hago la tarea.
• Me levanto temprano y me baño.
• Preparo la ensalada para la cena.
• Preparo el desayuno y lavo los platos.

1. _____
2. _____
3. _____
4. _____
5. _____
6. _____
7. _____

19 Mi tía Lola le da las gracias a su hijo por su ayuda. Completa su tarjeta con el pretérito de estos verbos: **hacer, pasar, sacar, levantarse, ver, preparar, lavar, sacudir.**

Hijo, gracias por ayudarme a limpiar. Esta mañana tú (1)_____ temprano y (2)_____ algunos quehaceres antes de ir al colegio. Yo (3)_____ que (4)_____ la aspiradora en la sala y (5)_____ los estantes. Yo (6)_____ la cena y tú (7)_____ los platos después. También (8)_____ al perro a pasear. Gracias y te quiero. Mamá

Copyright © by Holt, Rinehart and Winston. All rights reserved.

Pueblos y ciudades

1 Jorge necesita algunas cosas del pueblo, pero no sabe dónde comprarlas. Escribe la letra de la(s) palabra(s) correspondiente(s) junto al lugar donde debe comprar cada cosa.

_____ **1.** en la floristería

_____ **2.** en la tienda de comestibles

_____ **3.** en la pescadería

_____ **4.** en la panadería

_____ **5.** en la frutería

_____ **6.** en la carnicería

_____ **7.** en la mueblería

> **a.** pollo y tocino
> **b.** pan dulce
> **c.** manzanas, duraznos y naranjas
> **d.** rosas
> **e.** zapatos
> **f.** atún
> **g.** café y huevos
> **h.** sillas y una mesa
> **i.** ropa

2 Marcela y José Luis están de visita en el pueblo. Completa la conversación con las palabras apropiadas del cuadro.

ayuntamiento	café	esquiar	pasearse
estación de autobuses	pastelería	llevar	poner
banco	llevar a	recoger a	plaza

Marcela   Mira, la gente viene a (1)_____ por

la (2)_____. ¿Quieres ir a tomar algo

en el (3)_____?

José Luis   Sí, y después podemos (4)_____ a casa

un pastel de la (5)_____.

Marcela   El autobús llega a las cinco. Debemos

(6)_____ tu tía en la

(7)_____.

José Luis   Primero tengo que pasar por el (8)_____

a sacar dinero. Mi tía quiere ir de compras esta tarde.

Marcela   Podemos la (9)_____ a conocer el

(10)_____ si quiere.

Copyright © by Holt, Rinehart and Winston. All rights reserved.

VOCABULARIO 1

3 Marta está en el pueblo pidiendo información *(asking for information)*. Escoge la respuesta más apropiada a cada pregunta de Marta.

_____ **1.** ¿Me podría decir dónde está el monumento a Cristóbal Colón?
   a. Está en la plaza.
   b. Está en la pastelería.
   c. Está en el centro recreativo.

_____ **2.** Disculpe, ¿sabe usted dónde se puede comprar pescado?
   a. Sí, claro, en la pescadería.
   b. Sí, claro, en la pastelería.
   c. Sí, claro, en la comisaría.

_____ **3.** ¿Sabe usted dónde se puede sacar la licencia de conducir?
   a. No estoy seguro. Creo que en el centro recreativo.
   b. No estoy seguro. Creo que en la comisaría.
   c. No estoy seguro. Creo que en el ayuntamiento.

_____ **4.** ¿Me podría decir dónde están los conductores?
   a. Sí, claro, en la clínica.
   b. Sí, claro, en la estación de autobuses.
   c. Sí, claro, en el ayuntamiento.

_____ **5.** Disculpe, ¿sabe usted dónde prestan dinero?
   a. No estoy seguro. Tal vez en la banca.
   b. No estoy seguro. Tal vez en la comisaría.
   c. No estoy seguro. Tal vez en el banco.

4 Lucía habla sobre lo que tiene que hacer su familia. Completa el párrafo con lugares apropiados.

Mi papá necesita comprar naranjas en la _____.

Después quiere pasar por el _____ para comprar

unas plantas y una hamaca. Yo necesito cortarme el pelo en la

_____ y comprar leche, pan y huevos para la

cena en la _____ que está enfrente de la pastelería.

También necesito preguntar el precio de un escritorio muy bonito que vi en la

_____. Si después tengo tiempo, voy a pasar por la

_____ para sentarme en una banca a descansar

y leer el periódico.

Copyright © by Holt, Rinehart and Winston. All rights reserved.
(26)

VOCABULARIO 1

5 Roberto y Martín hicieron diligencias todo el día y sus padres les preguntan adónde fueron y qué hicieron. Usa las palabras entre paréntesis para contestar sus preguntas.

MODELO ¿Adónde fuiste esta mañana, Roberto? (boleto)

Fui a la estación de tren a comprar un boleto.

1. ¿Qué más hiciste? (carnet de identidad)

_____

2. Y tú, Martín, ¿qué hiciste? (pollo)

_____

3. ¿Adónde fueron ustedes por la tarde? (monumento)

_____

4. ¿Qué hicieron después? (pasteles)

_____

5. Roberto, ¿adónde fuiste por la noche? (recoger a alguien)

_____

6 Claudia regresa a casa después de hacer diligencias. Le explica a su mamá qué diligencias hizo esta mañana y cuáles no hizo y por qué. Completa la conversación con oraciones apropiadas.

—Hola Claudia, ¿adónde fuiste esta mañana?

_____

—Ah, sí. Tuviste muchas diligencias que hacer, ¿no? Entonces, ¿qué hiciste?

—Pues, primero _____

_____

—¿Y pasaste por la tienda de comestibles?

—Sí, y allí _____

_____

—Estupendo, podemos comerlo en el almuerzo. ¿Y qué hiciste después?

—Fui a la panadería y allí _____

_____

—¡Qué bien! ¿Fuiste al ayuntamiento para preguntar por tu licencia de conducir?

—No, no fui al ayuntamiento porque _____

_____

Copyright © by Holt, Rinehart and Winston. All rights reserved.

Pueblos y ciudades

CAPÍTULO

3

GRAMÁTICA 1

Impersonal *se* and passive *se*

• The impersonal **se** can mean *they, one,* or *you:*

Se abre a las ocho. **Se come bien en este restaurante.**

• To talk about something that *is done* without saying who is doing it, use **se +** verb. In this use, called the passive **se,** the verb agrees in number with its object.

Se venden frutas en el mercado.

• Passive **se** is also used to say what is or isn't *allowed.*

Se prohíbe fumar. **No se permite comer en esta oficina.**

---

7 Carlos le escribe una carta a Raúl desde el pueblo donde vive. Completa las oraciones con **se** + la forma correcta de un verbo apropiado.

Hola, Raúl:

Estoy feliz aquí. (1)_____ muy tranquilamente. En las oficinas

(2)_____ de las 8 de la mañana a las 5 de la tarde;

(3)_____ pasear y hacer muchas cosas después de esa hora. Es

fácil ir de compras, porque aquí (4)_____ inglés y español en las

tiendas. Los domingos (5)_____ frutas en la plaza. Espero que

vengas a visitarme pronto. (6)_____ muy rápido en tren.

8 Imagina que estás en el ayuntamiento. Escribe tres cosas que se prohíben y tres cosas que se permiten en el ayuntamiento.

1. _____

_____

_____

_____

2. _____

_____

_____

_____

Copyright © by Holt, Rinehart and Winston. All rights reserved.

GRAMÁTICA 1

Preterite of -car, -gar, -zar verbs and *conocer*

- Verbs ending in **-car, -gar,** and **-zar** have irregular **yo** forms in the preterite.

  tocar → yo toqué   **regar → yo regué**   **almorzar → yo almorcé**

- In the present tense, **conocer** means to know someone or something. It has an irregular **yo** form.

  —¿Conoces a Pedro?   **—Sí, también conozco a su familia.**

- In the preterite, **conocer** is regular. It means to meet someone or to see a place for the first time.

  —¿Dónde conociste a José Luis?   **—Lo conocí en el club de ajedrez.**

---

9 Teresa le dice a su mamá lo que hizo ayer. Completa el párrafo con la forma correcta del verbo entre paréntesis.

Yo fui al entrenamiento. (1)_____ (jugar) bien, pero me

(2)_____ (sentir) muy cansada, por eso (3)_____

(descansar) en la cafetería. (4)_____ (almorzar) y

(5)_____ (hablar) con mis amigas. Luego, yo

(6)_____ (buscar) un libro en la biblioteca. Por la tarde,

(7)_____ (organizar) una salida al cine.

10 Mira los dibujos y di dónde todos se conocieron. Usa la forma correcta del verbo **conocer** en el pretérito.

1.   2.   3.   4.   5.

1. Tomás y Jorge _____ a Susana en el _____.

2. Rocío y yo _____ a Mónica en la _____.

3. Tú _____ a tus amigos en la _____.

4. Rafael _____ a Fernando en la _____.

5. Yo _____ a Olivia en el _____.

Copyright © by Holt, Rinehart and Winston. All rights reserved.   (29)

GRAMÁTICA 1

Irregular preterites: *andar, venir, tener, dar, ver*

The following verbs have irregular stems and endings in the preterite.

andar	tener	venir	dar	ver
anduve	tuve	vine	di	vi
anduviste	tuviste	viniste	diste	viste
anduvo	tuvo	vino	dio	vio
anduvimos	tuvimos	vinimos	dimos	vimos
anduvisteis	tuvisteis	vinisteis	disteis	visteis
anduvieron	tuvieron	vinieron	dieron	vieron

Ayer **dimos** un concierto. **Vino** mucha gente. **Tuvimos** mucho éxito.

---

11 Lee lo que dice Manolo y después, contesta las preguntas a continuación.

Ayer anduve por todo el colegio buscando a Susana, una amiga que conocí cuando estaba de vacaciones en Houston el verano pasado. Sus padres vinieron al colegio para hablar con el profesor porque Susana es una nueva estudiante. Su familia tuvo que mudarse a esta ciudad porque el papá de Susana trabaja aquí. Cuando sus padres me vieron, me preguntaron: «¿Adónde fue Susana? ¿No está en el colegio?» Creía que Susana iba a tener problemas con sus padres anoche en casa, por eso la busqué tanto.

1. ¿Qué hizo ayer Manolo?

   _____

   _____

2. ¿Por qué tuvieron que venir aquí Susana y su familia?

   _____

   _____

3. ¿Dónde pasó Manolo sus últimas vacaciones? ¿Cómo lo sabes?

   _____

   _____

4. ¿Qué hicieron los padres de Susana cuando vieron a Manolo?

   _____

   _____

5. ¿Qué crees que pasó cuando Susana llegó a casa?

   _____

   _____

Copyright © by Holt, Rinehart and Winston. All rights reserved.

Pueblos y ciudades

12 Escribe correctamente los números ordinales. Después, pon los números en orden.

_____   **1.** mrepiro   _____

_____   **2.** outqin   _____

_____   **3.** ugnedso   _____

_____   **4.** uracot   _____

_____   **5.** opmétis   _____

_____   **6.** etrerco   _____

_____   **7.** xteos   _____

_____   **8.** vaotco   _____

13 La familia Fernández está de visita en la ciudad. Escribe a qué lugares fueron.

1. Primero fueron a visitar _____, que es una iglesia muy grande y vieja.

2. Luego fueron a comprar chocolates en _____ donde los hacen.

3. La señora Fernández compró leche, verduras y fruta en el _____.

4. Al señor Fernández le gusta leer el periódico. Lo compró en _____.

5. Después, visitaron a un amigo del Sr. Fernández que es médico. Por eso, fueron al _____.

6. A Mario, el hijo menor, le gustan los árboles. Por eso todos fueron a visitar _____.

7. Después fueron al _____ a ver los barcos.

8. La señora Fernández tuvo que regresar al carro. Por eso todos fueron al _____.

9. Al final pasaron por un _____ para mandar un correo electrónico.

10. El señor Fernandez tuvo que ir a la _____ porque perdió su pasaporte.

Copyright © by Holt, Rinehart and Winston. All rights reserved.

VOCABULARIO 2

14 La familia Fernández quiere visitar a tío Manuel en el hospital, pero no saben cómo llegar. Completa los párrafos con las palabras apropiadas del cuadro.

doble	carretera	esquina	llegar
subir	derecho	parada	perderse
piso	cruce	cuadras	estacionamiento

— Perdón, ¿cómo puedo (1)_____ al hospital?

— Siga derecho dos (2)_____. Luego

    (3)_____ a la izquierda para llegar al

    (4)_____ de las Calles Independencia y Malibrán.

Unos minutos después...

— Disculpe, ¿vamos bien para el hospital?

— Sí, van bien. Hay que (5)_____ la calle hasta llegar a la

    (6)_____. El hospital está junto a la

    (7)_____ 66. No pueden (8)_____.

— ¿Hay (9)_____ para el carro?

— Sí. Está en el primer (10)_____.

15 Lee cada oración e identifica el error. Luego, escribe una oración correcta.

  1. Cuando caminas en el centro, debes caminar en la calle.

    _____

  2. En una autopista siempre hay muchos peatones.

    _____

  3. La gente viaja en avión cuando va a lugares que están muy cerca.

    _____

  4. Antes de bajarte del tren, el tren debe arrancar (*start*).

    _____

  5. La zona peatonal es un lugar donde la gente no debe caminar.

    _____

  6. La zona verde es un lugar donde sólo hay fábricas.

    _____

Copyright © by Holt, Rinehart and Winston. All rights reserved.
32

VOCABULARIO 2

16 Mira el mapa para decirles a estas personas cómo llegar a los lugares que buscan.

1. El señor Ramírez está en el café Español. Necesita ir al hospital Memorial para visitar a su hija. ¿Qué le dices?

   _____
   _____
   _____

2. Carlos está en la oficina de correos. Necesita ir al restaurante Nueva York para almorzar con una amiga. Dile cómo llegar.

   _____
   _____
   _____

3. Manuela está en el Museo de la Historia. Quiere ir a la Oficina de Turismo y luego al ayuntamiento. ¿Qué le dices?

   _____
   _____
   _____
   _____

4. El padre de tu amiga Carla está en la Plaza Civil y no sabe cómo llegar al parque pista. Ayúdalo.

   _____
   _____
   _____
   _____

Copyright © by Holt, Rinehart and Winston. All rights reserved.

Pueblos y ciudades

Formal commands

- Formal commands are used when you address someone as **usted.**

- Replace the final **-o** of the **yo** form with **-e** to form a formal command for **-ar** verbs.

  trabajar: yo trabajo→   trabaje   no trabaje

- For **-er** and **-ir** verbs, replace the final **-o** with **-a.**

  tener: yo tengo→   tenga   no tenga

  subir: yo subo→   suba   no suba

- Verbs ending in **-car, -gar, -zar, -ger,** and **-guir** have spelling changes in the formal command forms.

  tocar: toque

  jugar: juegue

  almorzar: almuerce

  recoger: recoja

  seguir: siga

- When asking two or more people to do something, add **-n** to the formal command form.

  Niños, suban la escalera despacio.

  Lourdes y Carmina, no toquen la estufa.

---

17 En la oficina, el jefe les escribe una nota a los empleados con las cosas que debe hacer cada uno. Completa lo que dice el jefe con mandatos formales de los verbos entre paréntesis. Presta atención al sujeto de cada oración.

Por favor, (1)_____ (llegar) temprano. Primero, Carlos y Luis,

(2)_____ (organizar) el trabajo que hay que hacer. Sofía,

(3)_____ (llevar) el dinero al banco de la esquina y luego

(4)_____ (presentar) a los demás al nuevo programador de

computadoras. Manuel y Losa, no (5)_____ (almorzar) en la

oficina; (6)_____ (comer) en la cafetería. Por la tarde,

(7)_____ (pedir) al ayuntamiento la información y no se

(8)_____ (olvidar) de pasar a recogerla. Favor de quedarse las

ocho horas, todos. No (9)_____ (salir) temprano del trabajo.

Copyright © by Holt, Rinehart and Winston. All rights reserved.

GRAMÁTICA 2

Irregular formal commands

• Some verbs with irregular formal command forms are **dar, ver,** and **ir.**

usted	ustedes
dar: (no) dé	(no) den
ver: (no) vea	(no) vean
ir: (no) vaya	(no) vayan

• Use the following expressions or commands to give directions.

ir por la calle	No vayan por esa calle.
doblar a la derecha/izquierda en	Doble a la izquierda en el semáforo.
seguir derecho hasta	Sigan derecho hasta el cruce.
subir/bajar... hasta llegar a	Suba la calle hasta llegar a la fuente.

---

18 El profesor habla con los estudiantes antes de un viaje de estudios. Completa el párrafo con las formas correctas de uno de los verbos entre paréntesis.

No (1)_____ (estar / ir) solos a ninguna parte de la ciudad. Para ir a la

plaza (2)_____ (seguir / llegar) derecho hasta el cruce de la Calle 8 y

la Avenida Luz. (3)_____ (Dar / Doblar) a la izquierda en el semáforo. Si

quieren ir al acuario, (4)_____ (tener / bajar) la Calle 5 hasta llegar al

puerto. (5)_____ (Subir / Seguir) derecho. Para ir a la catedral

(6)_____ (caminar / doblar) derecho. (7)_____ (Subir / Dar)

por la Calle 2. Después, (8)_____ (doblar / recoger) a la izquierda.

19 Tu amigo, Carlos, te pregunta cómo llegar a varios lugares. Usa el mapa en la página 33 para contestar sus preguntas.

1. Estoy en el café Español. ¿Cómo llego al hotel Barroco?

_____

_____

2. Estoy en la Gran Plaza. ¿Cómo llego al Museo de Arte?

_____

_____

3. Estoy bajando la Avenida A. Ya veo la Plaza Civil. ¿Voy bien para el hotel Norte? ¿Qué debo hacer?

_____

_____

Copyright © by Holt, Rinehart and Winston. All rights reserved.

GRAMÁTICA 2

Commands with pronouns and review of informal commands

- For affirmative commands, attach the object and reflexive pronouns to the end of the command.

- For negative commands, place the object and reflexive pronouns before the verb.

  ¿Quieren refrescos? Tómenlos del refrigerador.

  No se suban a ese tren.

  Déle una pluma y un cuaderno a la señora Ruiz.

When using informal commands, remember the following.

- Verbs such as **pensar, comer,** and **escribir** are regular.

- Verbs such as **buscar, llegar, organizar, recoger,** and **seguir** have spelling changes.

- **Dar, decir, hacer, ir, poner, salir, ser, tener,** and **venir** have irregular forms.

---

20 Mariana se va de viaje y su mamá la ayuda con los preparativos. ¿Qué le dice a Mariana su mamá? Escribe oraciones completas usando las palabras entre paréntesis y un pronombre reflexivo o de objeto directo si sea necesario.

1. Necesito dinero. (sacar / cajero automático)

   _____

2. Mis cosas están en el piso. (recoger)

   _____

3. Mi cuarto está desordenado. (organizar / antes de salir)

   _____

4. No encuentro mi pasaporte. (buscar / tus maletas)

   _____

5. No tengo la dirección del hotel. (escribir)

   _____

6. ¿Hago mi maleta ahora? (no / hacer)

   _____

7. El avión sale temprano. (no / llegar / tarde / aeropuerto)

   _____

8. No quiero levantarme temprano. (no / ser perezosa / levantarse / temprano)

   _____

Día a día

CAPÍTULO
5

VOCABULARIO 1

1 Sara piensa en las cosas que tiene que hacer antes de salir. Lee las oraciones y complétalas con palabras apropiadas.

1. Mi libro de ciencias está en el piso; lo tengo que _____.

2. Antes de vestirme, tengo que _____ y

   _____.

3. Mañana es un día especial, porque viene la directora de la escuela a visitar mi

   clase. Por eso voy a _____ la blusa nueva.

4. También tengo que _____ el pelo y

   _____ de poner las llaves en mi mochila antes de salir.

5. Si llueve, voy a llevar el _____ rojo, que es muy bonito.

2 Escribe una palabra o frase que corresponde a cada oración.

1. Lo usas para llamar a un amigo. _____

2. Se usa esta cosa para maquillarse los labios. _____

3. Lo haces para arreglarte el pelo. _____

4. Un abrigo que te pones cuando llueve. _____

5. La usas para abrir la puerta. _____

6. Lo que le dices a un amigo que se tarda. _____

7. Significa no olvidarte. _____

8. Ponerse color en una parte de los dedos. _____

9. Te los pones para poder ver bien. _____

10. Limpiarse el cuerpo con agua. _____

11. Uso ésta para tener la piel suave (*soft*). _____

12. Lo abres y lo llevas cuando llueve. _____

13. Verbo que significa «tomar en la mano». _____

14. Cuando haces esto, el cuarto se pone negro. _____

Copyright © by Holt, Rinehart and Winston. All rights reserved.

VOCABULARIO 1

3 Estos jóvenes dicen lo que tienen que hacer antes de salir de la casa. Mira los dibujos y escribe lo que dicen.

Necesito...

1. __ducharme__ .

  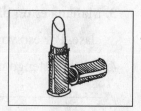

2. _____ . 3. _____ . 4. _____ .

5. _____ . 6. _____ . 7. _____ .

_____ .

4 Escribe una oración en español que corresponde a las preguntas que siguen.

How would you...

1. say your friend takes a long time to get ready?

_____

2. tell someone who is rushing you that you only need to turn out the lights?

_____

3. say that you totally forgot something?

_____

4. tell someone not to worry, that you just locked the door?

_____

5. say that you couldn't find the umbrella?

_____

6. tell someone to hurry and that it's getting late.

_____

Copyright © by Holt, Rinehart and Winston. All rights reserved.

5 El señor y la señora López van a llegar tarde a una fiesta. Completa la conversación con expresiones apropiadas.

MODELO

Sra. López —¡Date prisa! Se nos hace tarde.

Sr. López —_____ **Tranquila.** _____ Sólo necesito lavarme los dientes.

1. Sr. López —_____
Se nos hace tarde.

2. Sra. López —_____.
Sólo me falta ponerme el vestido.

3. Sr. López —¡Date prisa! _____
_____

4. Sra. López —_____.
Estoy poniéndome los lentes de contacto.

5. Sr. López —¿Todavía no estás lista? _____

6. Sra. López —Tranquilo. _____
_____

7. Sr. López —¡Date prisa! _____

8. Sra. López —No te preocupes. _____

6 Ayuda a Lupe. Escoge la respuesta más lógica para cada pregunta.

_____ **1.** ¿Te acordaste de darle de comer al perro?
   a. Se me olvidó por completo, pero sí lo saqué a pasear.
   b. Sí, lo saqué a pasear.
   c. Claro. Le di la pelota.

_____ **2.** ¿Trajiste el paraguas?
   a. ¡Ay! ¿Comenzó a nevar?
   b. Se me olvidó mi teléfono celular.
   c. Sí, y también traje mi impermeable.

_____ **3.** ¿Te acordaste de apagar las luces de la habitación?
   a. ¡Siempre te tardas tanto en arreglarte!
   b. ¡Ay! Se me olvidó por completo.
   c. Mi hermano ya las prendió.

_____ **4.** ¿Trajiste las llaves de la casa?
   a. Recogí los útiles escolares.
   b. Las del carro están en mi bolsa.
   c. Sí, y cerré la puerta con llave.

Cuaderno de vocabulario y gramática ▲
Copyright © by Holt, Rinehart and Winston. All rights reserved. **51**

Día a día

Preterites of *poder* and *traer*

• These verbs are irregular in the preterite. **Poder** can be followed by an infinitive to say what you could or couldn't do.

	poder	traer
yo	pude	traje
tú	pudiste	trajiste
Ud., él, ella	pudo	trajo
nosotros(as)	pudimos	trajimos
vosotros(as)	pudisteis	trajisteis
Uds., ellos, ellas	pudieron	trajeron

Tú no **pudiste** hacer el pastel ayer.   *You **couldn't** make the cake yesterday.*
Pudieron andar en bicicleta en el parque.   *They **were able** to ride bikes in the park.*
Traje el libro para estudiar.   *I **brought** the book to study.*

---

7 Carmela le dice a su mamá lo que pasó en el fin de semana. Completa las oraciones con las formas correctas de **poder** en el pretérito + infinitivo.

1. Yo no _____ a tiempo al partido del viernes.

2. Ramón y Luis _____ al cine después del partido.

3. Belén no _____ fotos, se olvidó de llevar la cámara.

4. Mamá, ¿_____ a Papá al concierto?

5. Elena y yo no _____ por teléfono con Rubén.

6. Yo sí _____ el impermeable antes de salir.

8 Completa las oraciones con la forma correcta de **traer** en el pretérito. Luego empareja cada oración de la columna de la izquierda con la oración correspondiente en la columna de la derecha.

_____ 1. Martín no _____ su paraguas.

_____ 2. Nosotras no _____ el cepillo.

_____ 3. Tú no _____ tus lentes de contacto.

_____ 4. Luis y Carlos no _____ sus teléfonos celulares.

_____ 5. Yo no _____ mi lápiz labial.

_____ 6. Lorena no _____ sus llaves.

a. No pudimos cepillarnos el pelo.
b. No pudiste maquillarte.
c. No pudo llegar seco (*dry*).
d. No pudo entrar a su casa.
e. No pudieron llamar a sus amigas.
f. No pudiste ver bien.
g. No pude pintarme los labios.

Copyright © by Holt, Rinehart and Winston. All rights reserved.

Verbs with reflexive pronouns

- Other verbs with **reflexive pronouns** are:

  ducharse   pintarse las uñas   cepillarse   darse prisa   arreglarse
- Some verbs with **reflexive pronouns** express thoughts or feelings.

  olvidarse   preocuparse   acordarse
  alegrarse   enojarse   ponerse a + adjective
- Some verbs with **reflexive pronouns** have a different meaning than their non-reflexive forms, such as **ir** (*to go*) and **irse** (*to leave*).
- Use **direct object pronouns** to take the place of the direct object of a verb.

  ¿**Te** estás cepillando **los dientes?**   No **me los** puedo cepillar ahora.

---

9 El señor Gómez le dice a José las cosas que tiene que hacer. Completa las oraciones con un mandato, usando los verbos del cuadro.

cepillarse	tardarse	preocuparse	lavarse	darse prisa

1. No _____ por mí.
2. No _____ en darle de comer al perro.
3. Después de bañarte, _____ el pelo.
4. _____ para no llegar tarde al médico.
5. _____ los dientes después de comer.

10 Contesta cada pregunta con el pronombre de complemento directo y el sujeto entre paréntesis.

MODELO ¿Quién se pone el impermeable? (Ángela) **Ángela se lo pone.**

1. ¿Quién se quita los zapatos? (yo)

   _____

2. ¿Quién se está cepillando el pelo? (María)

   _____

3. ¿Quién se va a lavar las manos? (mis hermanos)

   _____

4. ¿Quién se va a pintar las uñas? (tú)

   _____

5. ¿Quién está maquillándose la cara? (nosotras)

   _____

Copyright © by Holt, Rinehart and Winston. All rights reserved.   53

Possessive pronouns

- Use a **possessive adjective** before a noun, to show ownership.

  —¿Cómo es **tu** perro? *What is **your** dog like?*

  —**Mi** perro es pequeño y activo. *My dog is small and active.*

- Use a **possessive pronoun** when you leave out the noun.

  —Preparaste tu almuerzo. ¿Preparaste **el mío**? *You made your lunch. Did you make **mine**?*

  —No, Mamá hizo **el tuyo**. *No, Mom made **yours**.*

- **Possessive pronouns** agree with the nouns they refer to.

	Masculine	Feminine	Masculine	Feminine
	Singular		Plural	
yo	el mío	la mía	los míos	las mías
tú	el tuyo	la tuya	los tuyos	las tuyas
Ud., él, ella	el suyo	la suya	los suyos	las suyas
nosotros(as)	el nuestro	la nuestra	los nuestros	las nuestras
vosotros(as)	el vuestro	la vuestra	los vuestros	las vuestras
Uds., ellos, ellas	el suyo	la suya	los suyos	las suyas

Éste es tu carro y ése es **el mío**. *This is your car and that one is **mine**.*

- After the verb **ser** the definite article is often omitted.

  ¿Son **suyas** estas llaves? *Are these keys **yours**?*

---

11 Contesta cada pregunta con el pronombre posesivo correcto.

MODELO ¿De quién son estos libros? (yo) Son (los) míos.

1. ¿De quién es esta toalla? (yo) _____.

2. ¿De quién es este sillón? (tú) _____.

3. ¿De quién son estos zapatos? (yo) _____.

4. ¿De quién son estas llaves? (tú) _____.

5. ¿De quién es este teléfono? (nosotros) _____.

6. ¿De quién es esta blusa? (ella) _____.

7. ¿De quién son estos útiles escolares? (ellos) _____.

8. ¿De quién son estas mascotas? (nosotros) _____.

9. ¿De quién son estas llaves? (él) _____.

10. ¿De quién son estos zapatos? (vosotros) _____.

Copyright © by Holt, Rinehart and Winston. All rights reserved.

Día a día

12 Mira los dibujos y escribe la palabra o expresión correspondiente para cada uno.

_____   _____   _____

   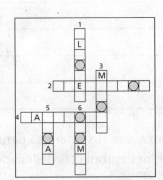   

_____   _____   _____

13 Contesta las siguientes preguntas con una frase apropiada en español.
How would you...

1. ...ask Elena if she is interested in learning to sew?

_____

2. ...say that you are more interested in playing cards?

_____

3. ...say that Miguel spends a lot of time jogging?

_____

4. ...ask Tomás how long he's been doing martial arts?

_____

Copyright © by Holt, Rinehart and Winston. All rights reserved.

VOCABULARIO 2

14 Vas a entrevistar (*interview*) a varios compañeros acerca de sus pasatiempos. En la primera línea escribe tus preguntas, usando verbos y pasatiempos diferentes para cada una. En la segunda línea, escribe lo que te contesta un compañero. Ya hicimos el primero.

1. ¿Te gusta pintar con muchos colores?
   No, no me llama la atención pintar. _____

2. _____
   _____

3. _____
   _____

4. _____
   _____

5. _____
   _____

6. _____
   _____

15 Natalia y Marco conversan sobre sus intereses para conocerse mejor. Completa la conversación con expresiones apropiadas del cuadro.

te interesan	¡Ay, qué pesado!	No, no me interesa.
me llama más la atención	para nada	te interesa
aprender a	te gustan	sí, me interesan

—(1) ¿_____ tomar clases de guitarra?

—No, no me interesa. (2)_____ crear CDs.

—(3) ¿_____ los carros?

—(4)_____ mucho. Me gusta trabajar en mecánica.

—¿Y te gusta tejer suéteres?

—No, no me gusta tejer (5)_____. Es aburrido.

—¿A ti te interesa coleccionar estampillas?

—(6)_____. Me llama más la atención coleccionar monedas.

Copyright © by Holt, Rinehart and Winston. All rights reserved.

16 Ayuda a Isabel a describir los intereses de ella y sus compañeros de clase. Escribe una palabra o frase apropiada para cada oración.

> **MODELO** Me interesa mucho tomar _____clases_____ **de guitarra.**

1. Desde hace un rato colecciono _____ de diferentes países.

2. No les interesa para nada aprender a _____ suéteres.

3. A ella le encanta _____ CDs para sus amigos.

4. A nosotros no nos gusta cuidar a _____ porque siempre tienes que darle de comer.

5. Mis amigos y yo nos reunimos en un _____ para navegar la red todos los sábados.

6. A Julia le interesa _____ estampillas con personas que también las coleccionan.

17 Lee esta nota de Ofelia, una estudiante. Luego escribe las respuestas de Ofelia a las preguntas. Usa tu imaginación y la información dada. Para el número 6, escribe una pregunta para Ofelia y su respuesta.

Tengo muchos intereses. Me encanta el español, que empecé a estudiar en el primer año. Ningún (*No*) otro idioma me interesa porque el español es el mejor. También me gusta mucho tejer. Otra cosa que me llama la atención es coser vestidos de gala. ¿Y actividades físicas? Ya no practico el esquí acuático porque prefiero los ejercicios aeróbicos. Es que no me interesan para nada los deportes al aire libre.

1. ¿Cuánto tiempo hace que estudias español?

   _____

2. ¿Qué piensas de los otros idiomas extranjeras?

   _____

3. ¿Sigues practicando el esquí acuático?

   _____

4. ¿Qué actividades te llaman más la atención?

   _____

5. ¿Qué deportes practicas?

   _____

6. ¿_____?

   _____

Copyright © by Holt, Rinehart and Winston. All rights reserved.

57

Día a día

Negative expressions; *ninguno(a)*

- Negative expressions go before or after the verb. The word **no** always goes before the verb.

  No como **nunca** entre comidas.   **Nunca** como entre comidas.

- **Nada** and **nadie** are placed before the verb when they are the subject.

  Nadie tiene hambre hoy.   *No one is hungry today.*
  When **nadie** is the object of a verb use the personal **a.**
  No veo **a** nadie en la sala.   *I didn't see **anybody** in the living room.*

- **Ninguno** and **ninguna** should match the noun in gender.

  ¿Quieres **una foto?** No, no quiero **ninguna.**
  *Do you want a picture? No, I don't want **any.***
  ¿Compraste **un CD?** No, no compré **ninguno.**
  *Did you buy a CD? No, I didn't buy **any.***

- **Ninguno** and **ninguna** can stand alone or go in front of a noun. Change **ninguno** to **ningún** before a masculine singular noun.

  No tengo **ninguna moneda.**   No tengo **ninguna.**
  No tengo **ningún CD.**   No tengo **ninguno.**

---

18 Los Leos conversan en casa. Completa las oraciones con una expresión negativa.

1. Yo creo que _____ aquí tiene hambre.

2. Mamá, estoy muy cansado. No quiero hacer _____ después de comer.

3. Los vecinos tienen dos perros, pero nosotros no tenemos _____.

4. Papá, en esta casa _____ le interesa jugar a naipes conmigo.

5. Yo _____ pude aprender a tejer suéteres.

6. No encuentro _____ crucigrama en el periódico.

7. ¿Por qué no comieron _____ manzana?

8. Fui al café Internet anoche pero no me reuní con _____.

9. No me gustan los carros. _____ voy a trabajar en mecánica.

10. Alma, ¿tejiste este suéter? «No, no tejí _____.»

Copyright © by Holt, Rinehart and Winston. All rights reserved.   **58**

Hace **with time expressions**

- To talk about an event that began in the past and is still going on, use:

  hace + time expression + **que** + a verb in the present tense.

  —¿Cuánto tiempo **hace que tocas** la guitarra?   —**Hace** tres meses **que** la **toco.**
  How long have you been playing the guitar?   *I've been playing it for three months.*

- These expressions are used with **hace… que** and a verb in the present tense.

  una hora   una semana   un año

---

19 Rita y Martín están entrevistando a sus compañeros. Escribe sus preguntas usando **¿Cuánto tiempo hace que…?** y las palabras entre paréntesis.

1. _____ (jugar al fútbol)

2. _____ (diseñar páginas Web)

3. _____ (coleccionar monedas)

4. _____ (coser vestidos de gala)

5. _____ (trabajar en mecánica)

20 El profesor les pregunta a los estudiantes sobre sus intereses. Contesta las preguntas usando las palabras entre paréntesis.

1. ¿Cuánto tiempo hace que tocas la guitarra? (seis meses)

   _____

2. ¿Cuánto tiempo hace que lees ese libro? (un mes)

   _____

3. ¿Cuánto tiempo hace que trotas por las noches ? (una semana)

   _____

4. ¿Cuánto tiempo hace que tus padres tienen una mascota? (poco tiempo)

   _____

5. ¿Cuánto tiempo hace que tú y Susana son animadoras? (unos días)

   _____

6. ¿Cuánto tiempo hace que Pablo estudia francés? (mucho tiempo)

   _____

7. ¿Cuánto tiempo hace que Juan y Julio coleccionan estampillas? (un año)

   _____

Copyright © by Holt, Rinehart and Winston. All rights reserved.   **59**

> ### *Pero* and *sino*
>
> • Both **pero** and **sino** mean *but*.
>   Me gusta caminar **pero** no me gusta trotar.   *I like to walk, **but** I don't like to jog.*
> • Use **sino** to say *but* as in *"Not this, but that instead"*. Use it after a negated verb.
>   No quiero esa estampilla **sino** la otra.
>   *I don't want that stamp, **but** I do want the other one.*
> • **Sino** is commonly used in this expression: **No sólo... sino también...**
>   María **no sólo** intercambia revistas **sino también** tarjetas.
>   *Maria **not only** trades magazines, **but also** cards.*

21 Completa las oraciones con **sino** o **pero**.

1. Me encanta el piano _____ no sé tocarlo.

2. No quiero ir al cine _____ al teatro.

3. Quiero dormir hasta tarde _____ tengo clases temprano.

4. Me gusta jugar a naipes _____ no juego muy bien.

5. Mi materia favorita no es el español _____ las matemáticas.

6. Me interesa el diseño por computadora _____ no tengo tiempo para aprenderlo.

22 Termina las oraciones usando el vocabulario de este capítulo. Explica también por qué cada persona piensa así.

MODELO No me gusta dibujar para nada pero <u>me encanta hacer diseño por computadora porque soy creativa.</u>

1. Me llama la atención jugar a naipes pero _____
   _____

2. No me interesa mucho tejer sino _____
   _____

3. Mi madre no estudia español pero _____
   _____

4. A mi padre no le gusta trabajar en la mecánica sino _____
   _____

5. No me interesa aprender a coser sino _____

Copyright © by Holt, Rinehart and Winston. All rights reserved.   **60**

Recuerdos

1 En la clase de español, los estudiantes recuerdan su vida de niños. Completa las conversaciones con expresiones del cuadro. Ojo, no necesitas usarlas todas.

te gustaba	de pequeño	nos peleábamos	me fascinaba	tenías
te llevabas	malas notas	hacer travesuras	me fastidiaba	venías
me gustaba	te fastidiaba	te fascinaba	te molestaba	solías

—¿Qué te gustaba hacer cuando tenías ocho años?

—A mí (**1**)_____ jugar al pilla-pilla con mis amigos.

—(**2**)¿_____ te llevabas bien con tus hermanos?

— No, (**3**)_____ compartir mis juguetes con ellos.

—¿Qué te gustaba hacer cuando (**4**)_____ diez años?

—(**5**)_____ en mi casa, como bañar al perro con el

jabón de mi mamá y peinarlo con el cepillo de mi papá.

—A ti, ¿qué (**6**)_____ de niño?

—Sacar (**7**)_____, porque ya no podía jugar

al escondite con mis vecinos.

—¿Cómo (**8**)_____ con tus hermanas?

—Bastante mal. (**9**)_____ casi todos los días.

2 A María le gustan los juegos y pasatiempos tranquilos. A Rita le gustan los juegos más activos. Escribe cuatro actividades que le gustarían a María y cuatro que le gustarían a Rita.

A María le gustaría

1. _____.

2. _____.

3. _____.

4. _____.

A Rita le gustaría

5. _____.

6. _____.

7. _____.

8. _____.

Copyright © by Holt, Rinehart and Winston. All rights reserved.

VOCABULARIO 1

3 Lee las oraciones y escribe a qué le gustaba jugar a cada una de estas personas cuando era niño(a).

1. Rubén tiene 400 láminas de deportes.

   De pequeño, le gustaba _____ cosas.

2. Ana conoce todos los programas de televisión de hace 10 años.

   De pequeña le gustaba _____.

3. A Luis le gustaba correr.

   De niño, le fascinaba _____.

4. A Ricardo le fascinaban los parques de columpios.

   Le gustaba _____.

5. Luisa se llevaba bien con su hermana porque le gustaba _____

   _____ los juguetes.

4 Lee el párrafo que escribió Nina sobre cuando era (*was*) más joven. Luego, lee las oraciones siguientes y escribe **a)** si son **ciertas** o **b)** si son **falsas.**

Cuando tenía seis años, yo era bastante perezosa. Me gustaba hacer cosas como coleccionar láminas y ver dibujos animados. Odiaba jugar al pilla-pilla y nunca me columpiaba. Cuando tenía diez años, era más activa. Me fascinaba trepar a los árboles y saltar a la cuerda. Pero siempre me gustaban las clases y sacaba buenas notas. También era un poco traviesa y me gustaba hacer travesuras. Como ahora, soñaba con ser ingeniera y me fascinaban las clases de ciencias y matemáticas.

_____ 1. Los gustos (*tastes*) de Nina no cambiaron cuando era niña.

_____ 2. A los diez años es probable que a Nina le habría (*would have*) gustado ir al parque.

_____ 3. Cuando tenía ocho años, Nina era buena estudiante.

_____ 4. Nina era casi siempre una niña muy seria.

_____ 5. A Nina le gustan las matemáticas pero no la ingeniería.

Copyright © by Holt, Rinehart and Winston. All rights reserved.

5 Lili y Pablo son dos niños que quieren pasar la tarde juntos, pero no saben qué hacer. Escribe lo que pregunta Lili para completar su conversación.

    MODELO Lili ¿Quieres echar carreras?
            Pablo No tengo ganas de correr hoy.

    Lili _____

    Pablo No, no me gusta columpiarme.

    Lili _____

    Pablo No, no me gustan los juegos de mesa.

    Lili _____

    Pablo No, es aburrido sentarme enfrente del televisor.

    Lili _____

    Pablo No, no quiero porque tengo miedo de caerme.

    Lili _____

    Pablo Mmm, me gusta mucho jugar con carritos.

    Lili _____

    Pablo Prefiero el carrito negro. Gracias.

6 ¿Qué te gustaba hacer de niño(a)? Completa las oraciones con respuestas lógicas.

  1. De pequeño(a), todos los días _____

  2. Los fines de semana, después de terminar mi tarea, _____

  3. También _____

  4. Me molestaba _____

  5. Me fastidiaba _____

  6. Siempre soñaba con _____

Copyright © by Holt, Rinehart and Winston. All rights reserved. (63)

Recuerdos

Imperfect of regular verbs

- The **imperfect** tense says what someone used to do, what things were like, or how they used to be.

- To form the **imperfect,** drop the infinitive ending and add the imperfect endings.

	hablar	**comer**	**vivir**
yo	habl**aba**	com**ía**	viv**ía**
tú	habl**abas**	com**ías**	viv**ías**
usted, él, ella	habl**aba**	com**ía**	viv**ía**
nosotros(as)	habl**ábamos**	com**íamos**	viv**íamos**
vosotros(as)	habl**abais**	com**íais**	viv**íais**
ustedes, ellos, ellas	habl**aban**	com**ían**	viv**ían**

Mis amigos y yo **comíamos** en la escuela. *My friends and I **used to eat** at school.*
Vivíamos cerca de un parque. *We **lived** near a park.*

- To say what someone usually did, use the **imperfect** of **soler** + infinitive.

  Solía coleccionar láminas de deportes. *I **used to collect** sports cards.*

- The **imperfect** is often used with expressions such as **muchas veces, a veces, (casi) siempre, nunca, todos los años.**

Siempre jugábamos al escondite por las tardes.
*We **always played** hide and seek in the afternoons.*

---

7 Los primos hablan durante una reunión familiar. Completa las oraciones con el imperfecto de los verbos entre paréntesis.

—¿Recuerdan cuando teníamos seis años? Nosotros

—(1)_____ (soler) ir al parque por las tardes.

—Sí, Marcos siempre (2)_____ (molestar) a Susana

porque ella no podía trepar a los árboles.

—Pero ella siempre (3)_____ (ganar) cuando

ellos (4)_____ (echar) carreras en el parque.

—Nosotros siempre (5)_____ (hacer) alguna travesura.

¿Se acuerdan de cuando rompimos la lámpara de la sala?

—Sí, eso fue cuando José y Ana (6)_____ (vivir) en la 5ª calle.

—A mí me (7)_____ (gustar) más jugar al escondite.

Nosotros (8)_____ (jugar) hasta la hora de cenar.

Copyright © by Holt, Rinehart and Winston. All rights reserved.
Cuaderno de vocabulario y gramática ▲

GRAMÁTICA 1

The imperfect of ir and ver

• In the imperfect tense, the verbs **ir** and **ver** are irregular.

	ir	**ver**
yo	**iba**	**veía**
tú	**ibas**	**veías**
usted, él, ella	**iba**	**veía**
nosotros(as)	**íbamos**	**veíamos**
vosotros(as)	**ibais**	**veíais**
ustedes, ellos, ellas	**iban**	**veían**

A veces **veíamos** dibujos animados cuando **iba** a tu casa.
*Sometimes **we used to watch** cartoons when **I went** to your house.*

---

8 Raúl está hablando de lo que hacía su familia cuando era joven. Escribe la forma apropiada de **ir** o **ver** para completar cada oración.

Mi familia y yo siempre (**1**)_____ a la playa los fines de

semana. Allí, mis hermanos siempre (**2**)_____ dibujos

animados y yo (**3**)_____ al parque de diversiones.

Mis amigos también (**4**)_____ allí y nos

(**5**)_____ todos los sábados. A veces mis amigos y yo

(**6**)_____ al cine.

9 Tu amigo te está preguntando sobre cómo eras de niño(a). Contesta las preguntas.

1. ¿Qué programas de televisión veías mucho de niño(a)?

_____

2. ¿Adónde iban tú y tu familia todos los veranos?

_____

3. ¿Cuándo se veían tú y tus primos?

_____

4. ¿Qué hacías con tus amigos?

_____

5. ¿Adónde ibas de vacaciones?

_____

> ## Verbs with reciprocal pronouns
>
> • **Reciprocal actions** involve two or more people doing something to or for each other.
>
> • Use the **reciprocal pronouns** *nos, os,* or *se* with a verb to show that an action is reciprocal.
>
> | | **ayudarse** | |
> |---|---|---|
> | nosotros(as) | **nos** | ayudamos |
> | vosotros(as) | **os** | ayudáis |
> | ustedes, ellos, ellas | **se** | ayudan |
>
> • You can tell whether an action is **reflexive** or **reciprocal** from the context.
>
>   Ellas **se vieron** en el espejo. *(reflexive)*   *They looked at themselves in the mirror.*
>   Ellas **se vieron** en el café. *(reciprocal)*   *They saw each other in the café.*
>
> • Some verbs to express reciprocal actions are: **abrazarse, ayudarse, quererse, respetarse,** and **contarse cuentos / chistes.**

10 Escribe oraciones en el imperfecto con estas palabras. Usa pronombres recíprocos.

1. Marta y Luis / abrazarse / en el cine _____

2. Nosotras / ayudarse / tarea _____

3. Primos / contarse cuentos / terror _____

4. Tu papá y tú / quererse / mucho _____

5. Ustedes / ayudarse / monedas _____

6. Ellas / prestarse / libros _____

7. Mi mamá y yo / respetarse / siempre _____

11 Indica si lo que dicen estas personas es **lógico** o **ilógico,** según el contexto.

_____ 1. No nos respetábamos y por eso nos llevábamos bien.

_____ 2. Nos ayudábamos, yo sacudía los muebles y ella lavaba la ropa.

_____ 3. Nos queríamos mucho, por eso nos veíamos todos los días.

_____ 4. No me gusta hablar con él, por eso nos contamos chistes.

_____ 5. A veces nos dábamos la mano cuando nos saludábamos.

_____ 6. Roberto está en mi clase de biología pero nunca nos vemos.

_____ 7. Ana y Luis no son amigos, por eso se abrazan mucho.

_____ 8. Después del trabajo mis padres se cuentan cuentos de los colegas.

Copyright © by Holt, Rinehart and Winston. All rights reserved.

Recuerdos

12 Completa el crucigrama *(crossword puzzle)* usando las pistas *(clues)* de abajo.

VERTICALES

1. Alguien que no quiere compartir
2. Alguien que hace lo que le dicen
3. Alguien a quien le gusta jugar
4. Una muchacha que cuenta muchos chistes
5. Un muchacho que habla mucho

HORIZONTALES

6. Una persona que no sabe esperar
7. Alguien que habla mucho de otras personas
8. Una muchacha que prefiere estar sola
9. Una muchacha generosa

Copyright © by Holt, Rinehart and Winston. All rights reserved.

VOCABULARIO 2

13 Tus hermanos y tú están describiendo a los miembros de su familia. Completa las oraciones con palabras apropiadas.

MODELO

Tía Rosita siempre nos invita a comer los domingos. Ella es muy ___amable___.

1. A Gustavo, nuestro primo que tiene dos años, le encanta abrir todo. Es muy

   _____.

2. Tío Elías viaja todos los veranos a lugares raros y desconocidos. Es

   _____.

3. Raúl nunca quiere compartir sus juguetes ni sus dulces. Es muy

   _____.

4. Mi mamá nos besa y nos abraza antes de dormir. Es

   _____.

5. En las fiestas, mi primo Arturo se sienta solo y no habla con nadie. Es

   _____.

6. Al abuelo no le gusta esperar. Es bastante _____.

14 Los nietos del abuelo José quieren saber cómo era él de joven. Escribe la palabra que mejor completa cada oración.

—Abuelo, ¿cómo eras en aquel entonces?

—Bueno, yo era bastante (1)_____. No tenía

muchos amigos; me gustaba mucho leer. La verdad es que yo era

(2)_____ a mis padres y como no tenía hermanos,

yo era un poco (3)_____. Me gustaba mucho aprender

todo lo que podía. Era muy (4)_____, siempre quería

conocer lugares nuevos e interesantes. Mis primos decían que yo era

(5)_____.

—¿Y tus amigos? ¿Cómo eran?

—Eran muy amables, (6)_____ y hablaban mucho. Eran

muy (7)_____.

Copyright © by Holt, Rinehart and Winston. All rights reserved.

15 Roxana les pregunta a sus amigos cómo se sintieron en diferentes situaciones *(situations)*. Usa las nuevas expresiones que aprendiste para contestar las preguntas.

1. ¿Cómo te sentiste cuando supiste que no había un examen de español?
   _____

2. ¿Cómo te sentiste cuando supiste de la partida de tu mejor amigo?
   _____

3. ¿Cómo te sentiste cuando te dijeron que no podías ir de viaje?
   _____

4. ¿Cómo te sentiste cuando supiste de la enfermedad de tu amiga?
   _____

5. ¿Cómo te sentiste cuando te dijeron que ganaste mil dólares?
   _____

6. ¿Cómo te sentiste cuando supiste del nacimiento de tu hermano?
   _____

7. ¿Cómo te sentiste cuando supiste de la muerte de tu abuela?
   _____

8. ¿Cómo te sentiste cuando supiste lo de Marcia y Antonio?
   _____

16 Pon en orden la conversación entre Marina y Pedro, usando las letras **a, b, c, d, e** y **f.**

____ —Cuando me enteré, no lo pude creer. ¡Qué bien!

____ —Por eso se llevan tan bien hoy día.

____ —Sí, tienes razón. ¿Cómo eran de jóvenes?

____ —¿Cómo te sentiste cuando supiste lo de Laura y Roberto?

____ —¡A mí me pareció fenomenal también! Son buena gente.

____ —Eran muy simpáticos y juguetones.

Copyright © by Holt, Rinehart and Winston. All rights reserved.
69
Cuaderno de vocabulario y gramática ▲

Recuerdos

Imperfect of *ser* and *haber*

- The imperfect of **ser** is used for describing what someone or something was like in the past.

yo	**era**	nosotros(as)	**éramos**
tú	**eras**	vosotros(as)	**erais**
usted, él, ella	**era**	ustedes, ellos, ellas	**eran**

Yo **era** muy callada y mis hermanos **eran** juguetones.
*I **was** very quiet and my brothers **were** playful.*

- Use the **imperfect** form **había** to say what there used to be in the past.

Había muchos niños pequeños. *There were many small children.*

---

17 Josefina cuenta cómo era su familia y qué había en su casa de niña. Escribe oraciones con la información abajo y el imperfecto de **ser** y **haber**.

1. casa grande / cuatro habitaciones y tres baños

   _____

2. dos perros / traviesos y juguetones

   _____

3. jardín / mejor lugar / jugar

   _____

4. mamá / buena cocinera / postres deliciosos

   _____

5. hermanos traviesos / siempre / juguetes en el piso

   _____

6. abuela / bondadosa / galletas / casa

   _____

18 Mi tío dice cómo eran antes algunas cosas y cómo era él. Completa las oraciones con **ser** o **haber** en el imperfecto y el opuesto (*opposite*) del adjetivo.

MODELO Ahora soy conversador, pero antes _era callado_.

1. Ahora hay televisión a colores, pero antes _____.

2. Ahora hay pocos nacimientos, pero antes _____.

3. Ahora soy paciente, pero antes _____.

4. Ahora soy chistoso, pero antes _____.

Copyright © by Holt, Rinehart and Winston. All rights reserved.

GRAMÁTICA 2

Preterite with mental and emotional states

• Use the preterite of verbs like **ponerse** and **sentirse** to describe emotional reactions in the past.

   Te pusiste contento cuando llegaron. *You **were** happy when they arrived.*

   Me sentí cansado después de los exámenes. *I **felt** tired after the exams.*

• **Querer** in the preterite means having an urge to do something and actually doing it, or when used with **no,** refusing to do something. Use **saber** in the preterite to say that someone found out something.

yo	**quise**	**supe**
tú	**quisiste**	**supiste**
usted, él, ella	**quiso**	**supo**
nosotros(as)	**quisimos**	**supimos**
vosotros(as)	**quisisteis**	**supisteis**
ustedes, ellos, ellas	**quisieron**	**supieron**

   Él **quiso** ir con ella cuando **supo** de su partida.
   *He **wanted** to go with her when he **found out** she was leaving.*

• Use the preterite of **estar** when talking about being or feeling a certain way for a specific period of time.

   Estuve enfermo toda la semana. *I **was** sick all week.*

---

19 Escribe cómo reaccionaron estas personas a cada situación.

   MODELO Oscar no estudió para el examen.
   <u>Estuvo muy nervioso.</u>

   1. Luis y Paco tuvieron mucha hambre después del examen.

   _____

   2. El profesor supo que muchos estudiantes no estudiaron.

   _____

   3. Yo saqué una mala nota.

   _____

   4. María estudió mucho para el examen.

   _____

   5. Nicolás sacó una buena nota.

   _____

   6. Estuvimos contentos porque terminamos el examen a tiempo.

   _____

Copyright © by Holt, Rinehart and Winston. All rights reserved.   **71**

Preterite of creer, construir, leer, oír and caer(se)

• The verbs **creer, leer, oír,** and **caer(se)** have the same preterite endings. **Construir** has similar endings; however, the **tú, nosotros** and **vosotros** forms do not have a written accent.

	leer	**oír**	**construir**
yo	leí	oí	construí
tú	leíste	oíste	construiste
usted, él, ella	le**yó**	o**yó**	constru**yó**
nosotros(as)	leímos	oímos	construimos
vosotros(as)	leísteis	oísteis	construisteis
ustedes, ellos, ellas	le**yeron**	o**yeron**	constru**yeron**

• The verb **caerse** means *to fall.*

Los platos **se cayeron** de la mesa. *The plates **fell** off the table.*

• Use **caer** with an **indirect object pronoun** to talk about the impression someone makes on others.

A mí **me cayó** bien la nueva profesora.
*The new teacher **made a good impression** on me.*

---

20 Lee lo que le pasó a Isaac y completa el párrafo con el pretérito de **creer, construir, leer, oír** o **caer(se)**.

No puedo olvidarme del día cuando (1)_____ de la bicicleta. Primero (2)_____ el grito *(shout)* de un amigo y después (3)_____ ese letrero: "Peligro *(Danger)*, no pasar"; demasiado tarde. Mis dos vecinos, que venían detrás de mí, también (4)_____.

Mi mamá no lo (5)_____ cuando le conté la historia. Además de lastimarnos, rompimos una casa de madera. Era el juguete de una niña a quien le (6)_____ muy mal y se puso a llorar. Ella no (7)_____ que era un accidente.

Nosotros (8)_____ otra vez la casa y nos fuimos a casa lastimados y cansados.

Nombre _____ Clase _____ Fecha _____

¡Buen provecho!

7 ▲

VOCABULARIO 1**1** Mira los dibujos. Escribe el nombre de la comida que se ve en cada dibujo. No te olvides de incluir los artículos.

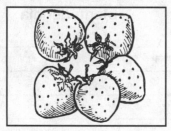

1. _____

2. _____

3. _____

_____

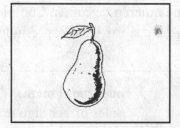

4. _____

5. _____

6. _____

_____

7. _____

8. _____

9. _____

Holt Spanish 2

Cuaderno de vocabulario y gramática ▲

73

VOCABULARIO 1

2 José trabaja en un restaurante. Escribe palabras apropiadas para ayudarlo a completar el menú del día.

> **Restaurante "La Palma"**
> **Menú del día**
>
> _____ de verduras
> _____ de pollo
> _____ mixta
> Chuleta _____ con habichuelas,
> _____ asado o _____ encebollado
> _____ de vainilla o Fresas con _____

3 Unos amigos están en un restaurante y piden lo que quieren de comer. Completa su conversación con el mesero con las expresiones del cuadro. Unas expresiones no estarán usadas.

no se la recomiendo	no hoy día	nos trae el menú
tráiganos la cuenta	con el cocinero	se les ofrece algo más
chuleta de cerdo	el plato del día	el postre de ayer
qué nos recomienda	puede traer dos	aguada
qué tal está	pesada	en un momento

—Bienvenidos al Café Estrella.

—(1) ¿_____, por favor?

—Sí, (2)_____ se lo traigo.

—(3)¿_____ para comer?

—(4)_____ está muy rico.

—Es (5)_____.

—Mmm, qué rico, ¿nos (6)_____, por favor?

—Cómo no. (7)_____

—Sí. (8)_____ la sopa de ajo?

—(9)_____; está

muy (10)_____.

—Entonces nada más. (11)_____,

por favor.

Copyright © by Holt, Rinehart and Winston. All rights reserved.

VOCABULARIO 1

4 María Luisa y su familia cenan en un restaurante y se preguntan unos a otros cómo está la comida. Contesta las preguntas usando las palabras entre paréntesis.

MODELO ¿Qué tal está el gazpacho? (recomendar / estar exquisito)
Te lo recomiendo. ¡Está exquisito!

1. ¿Probaste el bistec encebollado? (no recomendar / estar quemado)

   _____

2. ¿Qué tal está la chuleta de cerdo? (recomendar / estar en su punto)

   _____

3. ¿Probaste la ensalada mixta? (no recomendar / faltar sabor)

   _____

4. ¿Qué tal está la sopa de fideos? (no recomendar / estar echada a perder)

   _____

5. ¿Probaste el flan de vainilla? (recomendar / estar exquisito)

   _____

6. ¿Qué tal están las fresas con crema? (no recomendar / faltar)

   _____

7. ¿Probaste el té? (no recomendar / estar aguado)

   _____

5 Alberto está escuchando una conversación en un restaurante. Escribe al lado de cada oración si lo que escucha lo dice el mesero o el cliente.

1. ¿Me trae el menú, por favor? _____

2. ¿Qué me recomienda? _____

3. El plato del día es pollo asado. _____

4. ¿Me trae la sopa, por favor? _____

5. No se la recomiendo. Está salada. _____

6. ¿Qué tal está la ensalada hoy? _____

7. ¿Se le ofrece algo más? _____

8. Se lo recomiendo; está muy sabroso. _____

9. Tráigame la cuenta, por favor. _____

10. Cómo no, enseguida se la traigo. _____

Copyright © by Holt, Rinehart and Winston. All rights reserved.

¡Buen provecho!

Double object pronouns

- The verbs **recomendar, dejar, pedir, servir, traer, llevar** and **dar** can have a **direct object** and an **indirect object**.

  Mi tío **les** pidió (a mis primos) **dos ensaladas mixtas.**
  My uncle ordered **two mixed salads** *for them (my cousins).*

- The **indirect object** pronoun always comes first when using it together with a **direct object pronoun**. Change **le/les** to **se** when used with **lo/la/los/las.**

  —¿**Le** pediste el pollo?   *Did you order the chicken **from him?***
  —Sí, ya **se lo** pedí.   *Yes, I ordered **it from him.***

- When you use two object pronouns together, the **direct object pronoun** will usually be **lo, la, los,** or **las.**

  Queremos ver el menú. Por favor, tráiga**noslo.**
  *We want to see the menu. Please, bring **it to us.***

---

6 Hay muchos clientes hoy en el restaurante donde trabaja Josefina. Contesta las preguntas usando el verbo entre paréntesis, un pronombre de complemento directo y un pronombre de complemento indirecto.

1. ¿Nos trae el menú?

   Sí, en un momento _____. (traer)

2. Quiero una sopa de ajo, por favor.

   Ahora _____. (servir)

3. Quiero la cuenta, por favor. ¿Puede Ud. _____? (traer)

4. Alfredo, pídele dos bistecs a la parrilla a la mesera.

   Sí, ya _____. (pedir)

5. ¿Hay que dejar una propina para la mesera?

   Sí, debes _____ sobre la mesa. (dejar)

6. Josefina, ¿me recomiendas las fresas con crema de postre?

   Sí, _____. (recomendar)

7. ¿Nos recomienda el bistec encebollado?

   Sí, _____. (recomendar)

8. ¿Me puede traer la cuenta?

   Sí, _____ enseguida. (traer)

Copyright © by Holt, Rinehart and Winston. All rights reserved.

Commands with double object pronouns

- For an affirmative command, attach **object** or **reflexive pronouns** to the verb, and for a negative command place pronouns just before the verb.

—Óscar, péina**te** por favor.	*Oscar, comb your hair, please.*
—Si no quieres postre, no **lo** sirvas.	*If you don't want dessert, don't serve it.*

- Follow the same placement rules to use an **indirect object pronoun** followed by a **direct object** pronoun in commands.

—¿Quieres sopa?	*Do you want soup?*
—Sí, píde**mela** por favor.	*Yes, order **it for me**, please.*

- When a **reflexive pronoun** is used together with a **direct object,** the reflexive pronoun is placed before the noun or pronoun.

—Ana, láva**te las manos** antes de servir la comida.	*Ana, wash your hands before serving the food.*
—Pero, ya **me las** lavé.	*But, I already washed them.*
—Láva**telas** otra vez.	*Wash them again.*

7 Alfredo es el nuevo mesero en el restaurante Alhambra y tiene muchas preguntas. Completa la conversación entre Alfredo y el jefe del restaurante. Usa mandatos con pronombres de complemento directo e indirecto.

1. ¿Debo decirles el plato del día a los clientes?

   _____

2. ¿Tengo que ofrecerles unas bebidas para tomar?

   _____

3. ¿Me llevo la lista de platos del día?

   _____

4. ¿Debo traerles el postre antes del plato principal?

   _____

5. ¿Les traigo la cuenta cuando todavía están comiendo?

   _____

6. ¿Les pido la propina?

   _____

7. ¿Debo traerles la cuenta con el café?

   _____

GRAMÁTICA 1

Adverbs

- Adverbs can modify verbs, adjectives, or other adverbs. They often tell *how, how much, how often, how well,* or *when* someone does something.

a tiempo	entonces	menos	siempre
a veces	igualmente	mucho	tarde
ayer	luego	muy	temprano
bien	mal	nunca	todavía (no)
casi	más	peor	ya
después	mejor	poco	

- Many adverbs that end in **-ly** in English end in **-mente** in Spanish. Add **-mente** to the feminine form of the adjective.

    sola → **solamente**   nerviosa → **nerviosamente**
    fácil → **fácilmente**   amable → **amablemente**

    inmediatamente   generalmente   furiosamente   tranquilamente
    rápidamente   lentamente   afortunadamente   típicamente

- If an adjective has an accent mark, keep it after adding **-mente: rápidamente.**

---

8 Marcos tiene un restaurante pequeño y explica lo que hace. Completa el párrafo con los adverbios correctos del cuadro de arriba.

_____ después de hacer las compras, abro el

restaurante y _____ hablo con el cocinero. Él

_____ me dice cuál va a ser el plato del día y qué va

a cocinar. _____, llegan los meseros.

_____ limpian y arreglan las mesas cuando llegan.

_____ empiezan a llegar clientes a las once. Muchos

leen el menú _____ y me preguntan qué les

recomiendo. _____ muchos clientes piden la

especialidad del día. Nosotros tratamos de llevarles su comida

_____.

9 Usa tres adverbios diferentes para explicar qué haces cuando vas a un restaurante.

1. _____.

2. _____.

3. _____.

Copyright © by Holt, Rinehart and Winston. All rights reserved.   (78)

CAPÍTULO

¡Buen provecho!

VOCABULARIO 2

10 Completa las oraciones con una palabra apropiada del cuadro según el contexto.

recetas	vegetariano	picar
hervir	cebolla	ají
picado	añadir	ingredientes
cucharada	especias	derretida

1. Mi mamá tiene las mejores _____ para hacer dulces.

2. Normalmente lloro cuando pico una _____.

3. La receta dice que debo añadir una _____ de aceite.

4. A mi hermana le encanta poner muchas _____ en la comida.

5. A mí me gusta echarle _____ a la comida porque me encanta la comida picante.

6. Mi mamá dice que es mejor _____ el ajo antes de echarlo.

7. Yo creo que el ajo _____ no está tan rico como en trozos.

8. Una receta normalmente tiene una lista de _____.

9. Primero, hay que _____ los fideos.

10. Para esta salsa blanca se necesita mantequilla _____.

11 Escuchas las siguientes conversaciones en un restaurante a la hora de comer. Escribe la letra de la oración del cuadro a la derecha que sigue cada oración o pregunta de la izquierda.

_____ 1. ¿Qué lleva la sopa? Sabe a cebolla.

_____ 2. ¿Llevas una dieta balanceada?

_____ 3. ¿Eres vegetariano?

_____ 4. Le echo mucha sal a la comida.

_____ 5. ¿Cómo se prepara la sopa de fideos?

_____ 6. ¿Le echas azúcar al café?

_____ 7. ¿La comida frita es nutritiva?

a. No. Como carne y pollo.
b. Le eché solamente una.
c. Sí, me gustan las bebidas dulces.
d. Se hierven los fideos en caldo de pollo.
e. No. Como mucha comida rápida.
f. No, porque tiene mucha grasa.
g. Cuidado. Es mala para la salud.

Copyright © by Holt, Rinehart and Winston. All rights reserved.
(79)

VOCABULARIO 2

12 Escribe una palabra que significa lo mismo que cada definición que sigue.

1. Estar demasiado frío. _____

2. Calentar algo sólido hasta que se convierta en líquido. _____

3. Cocinar con aceite. _____

4. No estar cocido. _____

5. Cocinar en agua. _____

6. Cocinar en el horno. _____

7. Poner algo más. _____

8. No estar crudo. _____

13 Alma habla con un médico que le hace unas preguntas sobre su dieta. Completa la conversación con las palabras del cuadro.

frutas frescas	**mayonesa y mostaza**	**dieta**
especias	**comida rápida**	**vitaminas**
vegetales crudos	**nutritivas**	**grasa**

—¿Llevas una (1)_____ balanceada?

—Bueno, más o menos. Muchas veces no tengo tiempo para cocinar y

compro (2)_____; sé que tiene mucha

(3)_____.

—Pero, ¿tratas de añadir algunos (4)_____ y

algunas (5)_____ a tu dieta?

—Sí claro, pero no me gustan todo el tiempo. Mi mamá dice que debo comer

cosas (6)_____.

—¿Le echas muchas (7)_____ a la comida?

—Sí, me gusta mucho la sal y la pimienta. También les pongo

(8)_____ a algunas comidas.

—¿Qué te parece si para cambiar poco a poco tu dieta, comes menos grasa y

tomas unas (9)_____?

—Está bien, doctor. Gracias.

Copyright © by Holt, Rinehart and Winston. All rights reserved.

80

VOCABULARIO 2

14 Roberto y Valeria están en la clase de cocina. Escribe la palabra que mejor completa cada oración.

MODELO ¿Qué lleva el _____ **bistec** _____ encebollado?

—Lleva pocos (1)_____: una

(2)_____ picada, una cucharadita

de sal, pimienta y aceite.

—Y ¿cómo se prepara?

—Es muy fácil. Se le añade sal y (3)_____ al

gusto. Se (4)_____ en aceite bien

caliente junto con la cebolla y se sirve.

—¿Y qué lleva la ensalada? (5)_____ a especias.

—Sí, le eché (6)_____, ajo y un ají seco.

Además lleva vegetales (7)_____, un

huevo (8)_____ y atún.

—El flan que hiciste huele a (9)_____.

¡Y se ve muy rico!

—Gracias. Lleva sólo una (10)_____

de azúcar.

15 Pon en orden esta receta para una tortilla española, usando las letras **a, b, c, d, e** y **f**. Empieza con **a**.

_____ Se echa más sal al gusto. Se sirve caliente o fría.

_____ Se fríen las papas en aceite y después de diez minutos, más o menos, se les añade la cebolla y se termina de freír. Se echa una cucharada de sal.

_____ Se cocina en cada lado por cuatro o cinco minutos.

_____ En un plato hondo se mezclan bien los huevos. Se sacan las papas y las cebollas fritas y se mezclan con los huevos en el plato hondo.

_____ Se cortan las papas en trozos muy pequeños. Se pica la cebolla.

_____ Se pone la mezcla en una sartén para cocinarla.

Copyright © by Holt, Rinehart and Winston. All rights reserved.

¡Buen provecho!

More uses of the imperfect

- Use the imperfect *to set the scene.* Use the conjunction **mientras** to join two things that happened at the same time.

  Los meseros **servían mientras** otras personas **esperaban.**

- Use the imperfect after the preterite of **decir** with **que** to say *what someone said.*

  El pollo no **tiene** sal. El cliente **dijo** que el pollo no **tenía** sal.

---

16 Sergio está contando cómo celebró su cumpleaños hace dos años. Completa lo que dice con verbos apropiados del cuadro. Usa el imperfecto.

tener	ser	buscar	cerrar	ir	estar	saber	leer

Bueno, (1)_____ un sábado por la noche. Mis amigos y yo

(2)_____ en mi casa y no (3)_____ ni idea

de lo que (4)_____ a hacer. Yo (5)_____

una revista mientras un amigo mío (6)_____ ideas en

Internet. Entonces, él vio el anuncio de un restaurante nuevo. Hablamos un rato

pero no (7)_____ si deberíamos *(we should)* ir o no.

Entonces miramos la hora. El restaurante (8)_____ a las

nueve... ¡y ya eran las once!

17 Ángela y María prepararon una comida para su clase de español. Escribe qué dijeron durante la comida las personas indicadas entre paréntesis.

MODELO El flan está bueno. (Raúl) **Raúl dijo que el flan estaba bueno.**

1. La ensalada no sabe a aceite de oliva. (la profesora)

   _____

2. Las fresas con crema están congeladas. (Carla y Felipe)

   _____

3. Esta tortilla se prepara con mucha cebolla. (Ellos)

   _____

4. El gazpacho es la especialidad de María. (Ángela)

   _____

Copyright © by Holt, Rinehart and Winston. All rights reserved.

GRAMÁTICA 2

The imperfect

Use the imperfect to

• set the scene and tell the circumstances surrounding an event

> **Era** domingo y mis hermanas **celebraban** una fiesta. Todos se **divertían.**

• talk about what people were like, how they used to feel, what they used to like and dislike

> Antes no **nos gustaba** salir a restaurantes, siempre **comíamos** en casa.

• contrast past routines or situations with the present

> Antes no **salíamos** a restaurantes, ahora **vamos** todos los domingos.

---

18 Tres amigos comen en un restaurante. Completa las oraciones con verbos del cuadro formados en el imperfecto.

ir	estar	recomendar	conversar	comer

1. Tres amigos _____ en un restaurante.

2. _____ muy contentos.

3. Mientras el mesero les _____ unos platos,

   ellos _____ tranquilamente.

4. Cuando ya se _____, le pidieron la cuenta al mesero.

19 Ana habla de qué hacía su familia antes y qué hace ahora. Completa la primera oración con el verbo en el imperfecto y la segunda con el verbo en el presente.

1. preferir freír la comida / hornear

   Mi mamá _____. Ahora _____.

2. comer comida rápida / comer menos

   De niña, yo _____. Ahora _____.

3. gustar las verduras / ser vegetariano

   A mi primo no _____. Ahora

   _____.

4. echar mucha sal / echar poca

   Yo _____ a la comida. Ahora _____.

5. la abuela usar especias / casi no

   La abuela _____. Ahora _____.

Holt Spanish 2

Cuaderno de vocabulario y gramática ▲

Copyright © by Holt, Rinehart and Winston. All rights reserved.

GRAMÁTICA 2

Past participles used as adjectives

- To form past participles use **-ado** with **-ar** verbs and **-ido** with **-er** or **-ir** verbs.

  Este pollo está **horneado.**   *This chicken is **baked.***

- Many adjectives that describe how food is cooked or prepared are past participles. **Freír** y **revolver** have irregular past participles.

asado(a)	congelado(a)	hervido(a)	quemado(a)
balanceado(a)	derretido(a)	horneado(a)	revuelto(a)
cocido(a)	frito(a)	picado(a)	tostado(a)

- Past participles used as adjectives must match the noun in number and gender.

  El **pollo asado** es nutritivo.   ***Baked chicken** is nutritious.*

---

20 Completa cada oración con un participio pasado apropiado.

1. Necesitas un cuchillo para preparar tomates _____.

2. Con una hamburguesa, se comen papas _____.

3. Si no hay verduras frescas, compra verduras _____.

4. A mucha gente le gusta la mantequilla _____ con muchos tipos de mariscos.

5. El pastel todavía no está _____.

6. Con los huevos _____, me gusta el pan tostado.

7. Las chuletas son terribles. Están _____ a perder.

8. ¿Cuánta agua echaste a la sopa? Está muy _____.

9. Me quemé con agua _____.

10. Es fácil preparar el pollo _____.

21 Contesta las siguientes preguntas usando los participios pasados de verbos apropiados.

1. ¿Puedo comer estas chuletas?

_____

2. ¿Ya has preparado el pollo?

_____

3. ¿Cómo te gustan los huevos?

_____

4. ¿Añades la cebolla entera *(whole)* a la sopa?

_____

Copyright © by Holt, Rinehart and Winston. All rights reserved.

Tiendas y puestos

1 Mira los dibujos y completa las oraciones.

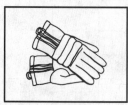
1

2

3

4

5

6

1. Los _____ de cuero me quedan apretados.

2. Hay una venta de liquidación. En las _____
   de esta ropa está el descuento.

3. Este _____ negro es muy elegante.

   También me gusta esta _____.

4. El _____ que compré es largo.

5. Esta _____ es de lana y hace juego con mi
   abrigo.

6. Los _____ de la tienda tienen mucho
   trabajo.

2 Trabajas en una tienda de ropa. Escribe una palabra apropiada para completar
cada oración que dicen los clientes.

1. No iba a comprar tres faldas porque estaban caras, pero me dieron un

   _____.

2. Los pantalones son muy grandes. Me quedan

   _____.

3. ¿Quieres _____ este vestido? Allí está el
   probador.

4. Quería comprar unos zapatos, pero no había en mi

   _____.

Copyright © by Holt, Rinehart and Winston. All rights reserved. **85**

VOCABULARIO 1

3 Completa el crucigrama usando las pistas de abajo.

HORIZONTAL

2. La ropa de mi hermana mayor me queda...

6. El cinturón es pequeño, me queda...

VERTICAL

1. No pude comprar la cesta porque no estaba... (2 palabras)

3. Es la última venta, cierran mañana, es una venta de...

4. Si la ropa está en oferta, es porque tiene...

5. Para ver como me queda la ropa, voy al...

7. En la etiqueta está el...

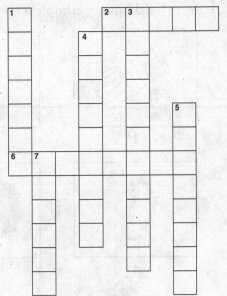

4 Dos amigas están en el probador de ropa. Contesta las preguntas con oraciones completas y las formas correctas de las palabras entre paréntesis.

1. ¿Cómo me veo con esta minifalda? (guapísimo / color bonito)

_____

_____

2. ¿Cómo te queda el cinturón? (quedar bien / no hacer juego / zapatos)

_____

_____

3. ¿Qué te parece este traje? (muy elegante / estar en oferta)

_____

_____

4. ¿Cómo me queda el vestido rojo? (no sentar bien / buscar / otro color)

_____

_____

5. ¿Cómo me veo con esta blusa? (no verse bien / quedar apretado)

_____

_____

Copyright © by Holt, Rinehart and Winston. All rights reserved.

VOCABULARIO 1

5 Hay varias personas en la tienda de ropa. Escribe una palabra que completa lo que dice cada persona.

1. Voy a _____ esta blusa por una blusa de talla más pequeña.

2. En la _____ de esta corbata dice $10.

3. La _____ que está en la caja delante de la entrada dice que la próxima semana hay descuentos.

4. Disculpe, ¿qué cajas están _____?

5. Después de pagar la ropa, el cajero me dio un

   _____, pero se me perdió.

6. En esta tienda nunca bajan los precios. No es como en los mercados donde

   se puede _____.

6 Rosa y Leona hablan de la última vez que fueron de compras. Pon en orden su conversación, usando las letras **a–j**. Empieza con **a**.

_____ **1.** Sí, todo estaba en oferta.

_____ **2.** Rosa, ¿encontraste los jeans que buscabas?

_____ **3.** ¿Encontraste algo que querías comprar?

_____ **4.** Sí, y estaba en oferta. La compré. ¿Y tú? ¿Compraste algo?

_____ **5.** Sí, pero no había en mi número. Me probé una falda.

_____ **6.** Pues, sí. Había una venta de liquidación en la Tienda Maxine.

_____ **7.** Sí, me compré una bufanda y unos guantes negros.

_____ **8.** ¿Te quedaba bien?

_____ **9.** Entonces, había muchos descuentos, ¿no?

_____ **10.** ¡Qué bien! Ahora no vas a pasar frío en el invierno.

Copyright © by Holt, Rinehart and Winston. All rights reserved.

Tiendas y puestos

> **Imperfect and preterite: Saying what was in progress**
>
> - The imperfect and the preterite are used when talking about the past. You can use them together.
>
> - The imperfect is used when talking about situations, what things were like, or what was going on. It does not tell you when an event began or ended.
>
>   La falda **me quedaba** apretada. *The skirt **was tight** on me.*
>
> - The preterite is used with the imperfect to talk about an event that began or ended while something else was going on.
>
>   Tú **mirabas** la vitrina cuando **pasé.**
>   *You **were looking** in the shop window when I **passed** by.*

7 Raquel fue de compras el sábado pasado. Completa las oraciones con los verbos entre paréntesis en el pretérito o en el imperfecto según el contexto.

1. Ella _____ (necesitar) comprar ropa y por eso

   _____ (ir) de compras el sábado por la tarde.

2. Ella _____ (ver) que las faldas _____ (estar) en oferta.

3. Ella _____ (escoger) dos pantalones y una falda mientras

   _____ (hacer) cola en el probador.

4. Mientras Raquel _____ (probarse) la ropa, _____
   (ver) a su amiga Olivia.

5. Raquel le _____ (preguntar) cómo le _____
   (quedar) la ropa.

6. Olivia le _____ (decir) que le _____ (sentar) muy
   bien.

7. Mientras las amigas _____ (hablar), Raquel _____
   (pagar) la ropa.

8. Olivia _____ (comprar) una falda mientras Raquel

   _____ (esperar).

9. Ellas _____ (caminar) por el centro comercial cuando me

   _____ (ver).

10. Como nosotras _____ (tener) hambre, _____
    (decidir) comer allí.

Copyright © by Holt, Rinehart and Winston. All rights reserved.

GRAMÁTICA 1

Using *ir a* + infinitive with the imperfect and preterite

- To say what someone was going to do or what was going to happen, use **ir** in the imperfect + **a** followed by an infinitive.

    Yo **iba a ver** el precio...   *I **was going to look** at the price...*

- Use another verb in the preterite to say what happened instead or what interrupted the plans.

    Yo iba a ver el precio, pero **se cayó** la etiqueta.
    *I was going to look at the price, but the price tag **fell**.*

- Use the imperfect to give more background information.

    Íbamos a ir de compras, pero **estaban cerradas** las tiendas.
    *We were going to go shopping, but all of the stores **were closed**.*

---

8 Completa cada oración con una frase que explica por qué estos jóvenes no pudieron hacer lo que planearon.

1. Ayer mi hermana y yo íbamos a ir de compras pero

    _____.

2. Fernando y Juan iban a comprar zapatos pero

    _____.

3. Íbamos a cambiar unas blusas pero _____.

4. Yo no iba a comprar nada pero _____.

5. Tú ibas a regatear en el mercado pero _____.

6. Ale iba a ver el precio de la corbata pero

    _____.

9 Tu mamá te está preguntando por qué no hiciste varias cosas. Contesta sus preguntas.

1. ¿Por qué no fuiste al mercado?

    Iba a ir pero... _____

2. ¿Por qué no te probaste el traje?

    _____

3. ¿Por qué no pagaste con el dinero que recibiste para tu cumpleaños?

    _____

4. ¿Por qué no comiste el pollo que estaba en el refrigerador?

    _____

Copyright © by Holt, Rinehart and Winston. All rights reserved.   89

GRAMÁTICA 1

Comparatives and superlatives

- When comparing actions that are not equal, use **más** + adverb + **que** or **menos** + adverb + **que**.

  Ahora voy de compras **menos frecuentemente que** antes.
  *Now I go shopping **less frequently than** before.*

- When comparing actions that are equal, use **tan** + adverb + **como**.

  Esa tienda cobra **tan poco como** ésta.   *That store charges **as little as** this one.*

- Use the following formula for the superlative:

  el / la / los / las + noun + **más / menos** + adjective
  Quiero comprar **las corbatas más baratas** de la tienda.
  *I want to buy **the cheapest ties** in the store.*

- When you need to say *the best, the worst, the oldest,* or *the youngest,* use the following formula:

  el / la / los / las + **mejor(es) / peor(es) / mayor(es) / menor(es)** + noun + **de**
  Esa tienda tiene **los mayores descuentos de** la zona.
  *That store has **the best discounts in** the area.*

- To say that something is extremely good, bad, or interesting, add the ending **-ísimo/a/os/as** to the adjective.

  Esta falda me queda apretad**ísima**.   *This skirt is **very tight** on me.*

---

10 Carlos y sus hermanos fueron de compras este fin de semana. Completa las oraciones con una expresión apropiada.

1. Raúl y Lorena escogieron ropa bonita. Lorena sabe escoger ropa

   _____ Raúl.

2. La tienda Maribel tiene cosas bonitas y a buen precio. Es la

   _____ tienda del centro comercial.

3. Carlos terminó sus compras antes de Raúl. Carlos compró

   _____ Raúl.

4. La zapatería Rojas tiene zapatos muy lindos. Sus zapatos son

   _____ .

5. El centro comercial es pequeño y no tiene muchas tiendas. El centro

   comercial es el _____ de la
   ciudad.

Copyright © by Holt, Rinehart and Winston. All rights reserved.

Tiendas y puestos

CAPÍTULO

8 ▲

VOCABULARIO 2

En el mercado al aire libre...

11 Luz y Juan están en el mercado. Completa lo que dicen con palabras apropiadas.

1. Mira esas _____. Hacen juego con mi vestido de gala.

2. Pero son de plata, ¿no te gustan más las joyas de

   _____?

3. Vamos a otro _____. Quiero ver adornos.

4. Estas figuras no están hechas en una fábrica. Están

   _____.

5. Esa _____ se va a ver bien en la pared de la sala.

6. La _____ de este lugar se hace con barro.

12 Lee lo que escribe Vanesa sobre su viaje al mercado al aire libre. Todas las frases abajo son **falsas.** Vuelve a escribirlas para que sean **ciertas.**

Esta mañana fui a un mercado de artesanía de Santiago. ¡Fue increíble! Había muchos puestos y mucha gente allí. Buscaba un collar para mi hermana, pero cuando pasé por un puesto donde había manteles bonitos, decidí entrar. Me gustó un mantel bordado y le pregunté a la dependiente el precio. Ella me dijo que costaba 20.000 pesos. Cuando le dije que tenía solamente 18.000 pesos, ella empezó a regatear. ¡Después de dos minutos de conversación, ella me dio un descuento de 6.000 pesos! Caminé por el mercado, buscando el regalo para mi hermana. Y allí en el último puesto, estaba la cosa perfecta: un collar de plata que estaba en oferta. ¡Lo compré por 3.000 pesos, así que salí del mercado con un poco de dinero!

1. Vanesa no fue al mercado hoy.

   _____

2. Casi no había nadie en el mercado.

   _____

3. La vendedora sólo ofrecía precios fijos.

   _____

4. Vanesa compró un mantel bordado para su hermana.

   _____

5. Vanesa se gastó todo el dinero que tenía.

   _____

Copyright © by Holt, Rinehart and Winston. All rights reserved.
(91)

VOCABULARIO 2

13 Completa el crucigrama usando las pistas de abajo.

HORIZONTAL

1. Las ollas *(pots)* pueden ser de...

2. Las paredes pueden ser de...

7. Las cestas pueden ser de...

8. Las chaquetas pueden ser de...

9. Los adornos pueden ser de...

VERTICAL

2. Los juguetes pueden ser de...

3. Los manteles pueden ser de...

4. Los vasos pueden ser de...

5. Los collares pueden ser de...

6. Las figuras talladas pueden ser de...

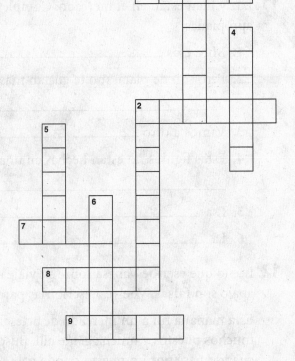

14 Una señora y un vendedor regatean en el mercado. Empareja cada frase de la caja con la frase correspondiente que sigue.

Es mi última oferta	valen
le puedo dar un precio especial	en qué le puedo servir
estas cadenas de plata	un regalo para una amiga
rebajar el precio	surtido de artículos

1. Perdón señora, ¿_____?

2. Estoy buscando _____.

3. Tenemos un gran _____.

4. Me gustan mucho _____.

5. ¿Cuánto _____?

6. Si compra las tres, _____.

7. ¿Cuánto me puede _____?

8. Cien pesos. _____.

Copyright © by Holt, Rinehart and Winston. All rights reserved.
(92)

15 Carolina y Omar están en el mercado del pueblo buscando algunos regalos para llevar a casa. Completa las conversaciones con expresiones apropiadas.

MODELO Quiero comprar un _____regalo_____ de vidrio para mi abuela.

—Yo quiero un (1)_____ de cerámica para mi mamá.

—Mire, tenemos un (2)_____.

—(3) ¿_____ este adorno rojo?

—Si compra dos, le voy a dar (4)_____.

(5)_____ en veinte mil pesos.

—¿Cuánto vale ese (6)_____ con encaje?

—Lo siento, no (7)_____.

—¿Me puede (8)_____ de este pantalón de cuero?

—Bueno, se lo regalo por treinta mil pesos, pero es mi

(9)_____.

16 Imagina que estás en un mercado al aire libre con un amigo. Pregúntale su opinión sobre artículos diferentes. Completa las conversaciones con el vocabulario de esta sección.

1. —¿Cuál te gusta más, este collar de plata o el de plástico?

—Me gusta más _____.

2. —¿Cuáles prefieres, estos _____?

—Prefiero los bordados.

3. —¿Cuáles te gustan más, estas _____?

—Me gustan más _____.

4. —¿Cuál prefieres, esta _____?

—Francamente, prefiero _____.

5. —¿Cuál prefieres, esta _____?

—Francamente, prefiero _____.

6. —¿Cuáles te gustan más, estos _____?

—Me gustan más _____.

Copyright © by Holt, Rinehart and Winston. All rights reserved. (93)

Tiendas y puestos

Por and *para*

- Uses and meanings of **por** are

  - *all over, by, through(out), along* or *in* a general area
    Pasamos **por** el parque.   *We walked **through** the park.*
  - *for* or *during* a period of time
    Bailé **por** cuatro horas.   *I danced **for** four hours.*
  - *for* in the sense of *because of* or *due to* something
    Gracias **por** comprar los aretes.   *Thanks **for** buying the earrings.*
  - (*in exchange*) *for* when exchanging or buying something
    Compré esta falda **por** $10.   *I bought this skirt **for** $10.*
  - *through* something or *by (means of)* something
    Tengo que salir **por** aquí.   *I have to leave **through** here.*

- Uses and meanings of **para** are

  - *to* or *towards* a place
    Esta calle va **para** la estación.   *This street goes **towards** the station.*
  - *for* to indicate a goal or purpose
    Compré zapatos **para** jugar al tenis.   *I bought shoes **to** play tennis.*
  - *to* or *for* a person or thing
    Este collar es **para** ti.   *This necklace is **for** you.*

---

17 Completa cada oración con **por** o **para**.

1. ¿_____ qué necesitas el carro? Yo voy _____ ti.

2. Cambié el collar que compré _____ doscientos pesos _____
   unos aretes de plata.

3. ¿Vamos bien _____ el mercado "Malibrán"? Nos dijeron que estaba
   _____ aquí.

4. Ya tengo mi vestido _____ la fiesta de mañana, me falta pasar
   _____ los zapatos.

5. Gracias _____ el mantel; es perfecto _____ mi mesa.

6. Vamos _____ el cine a ver películas _____ cuatro horas.

7. Este regalo es _____ mi hermano.

8. Siempre entramos a la casa _____ la puerta en el garaje.

9. Fui _____ el mercado _____ comprar una hamaca.

Copyright © by Holt, Rinehart and Winston. All rights reserved.   **94**

> ## Demonstrative adjectives; adverbs of place
>
> - To talk about a person or thing that is far away from the speaker, use **aquel**.
>
> | | that | those | that *(farther away)* | those *(farther away)* |
> |---|---|---|---|---|
> | masculine | **ese** | **esos** | **aquel** | **aquellos** |
> | feminine | **esa** | **esas** | **aquella** | **aquellas** |
>
> —¿Quieres ver la cestas?   *Do you want to see the baskets?*
> —¿Las de **ese** puesto?   *The baskets from **that** stand?*
> —No, las cestas de **aquel** puesto.   *No, the baskets from **that** stand **over there**.*
>
> - **Aquel** is also used to refer to the distant past.
>
>   En **aquellos** días, los mercados eran muy importantes.
>   *In those days, markets were very important.*
>
> - The adverbs **aquí/acá** and **allí/allá** are also used to say where someone or something is. **Aquí** and **allí** are used to point out an exact place.
>
>   ¡Párate **aquí**!   *Stop **here**!*
>   Yo viví en Argentina. **Allí** se come mucha carne.
>   *I lived in Argentina. They eat a lot of meat **there**.*

18 Luis y su papá están en el mercado. Escribe oraciones con las palabras que siguen, usando los adjetivos demostrativos apropiados. Sigue el modelo.

MODELO   mercado / cosas de... (lejos)
             En ese mercado hay cosas de cerámica.

1. puestos / figuras talladas de... (muy lejos)

   _____

2. cestas / hechas a... (lejos)

   _____

3. venden joyería de... / tienda (muy lejos)

   _____

4. vitrina / collares de... (muy lejos)

   _____

5. ropa de... / tienda (lejos)

   _____

6. hamacas / cómodas y... (muy lejos)

   _____

Copyright © by Holt, Rinehart and Winston. All rights reserved.   **95**

Adjectives as nouns

- Instead of repeating a noun, use an article followed by an adjective phrase.

    —¿Compraste los aretes de plata?   *Did you buy the silver earrings?*
    —No, compré **los de oro.**   *No, I bought **the gold ones.***
    —Esta cerámica es **la** más bonita.   *This pottery is the prettiest.*

- Use a demonstrative adjective with an accent mark (**éste, ése, aquél**) to avoid repeating a noun.

    —Esta cesta es más bonita que **aquélla.**
    —*This basket is prettier than **that one.***
    —Sí, porque **ésta** está tejida a mano.
    —*Yes, because **this one** is woven by hand.*

---

19 Completa las siguientes oraciones con la palabra correcta. Ten cuidado con los acentos.

   MODELO Este collar es más largo que _____**aquél**_____.

   1. Esta pintura tiene vidrio. _____ de allí no lo tiene.

   2. Estos manteles están bordados. _____ que están muy lejos no.

   3. Es cierto, _____ que tengo aquí sí están bordados.

   4. Estas joyas cuestan más que _____ de allí enfrente.

   5. Sí, es porque _____ que tengo aquí son de oro.

   6. Este tejido es más grande que _____ que vimos el otro día.

   7. No compré el plato de madera. Compré _____ de cerámica.

   8. Busco unos zapatos de cuero. _____ de plástico no me gustan.

   9. Las joyas de oro son caras. _____ de plata cuestan menos.

   10. No te sienta bien la camisa verde, pero _____ roja sí.

   11. ¿Qué te parecen estos pantalones? ¿Prefieres _____ o _____ de algodón?

Copyright © by Holt, Rinehart and Winston. All rights reserved.   **96**

A nuestro alrededor

CAPÍTULO

9

VOCABULARIO 1

1 Piensa en los pájaros, los mamíferos *(mammals)* y los reptiles. Escribe sus nombres en la columna apropiada.

Los pájaros	Los mamíferos	Los reptiles
_____	_____	_____
_____	_____	_____
_____	_____	_____

2 Escribe una palabra o frase que completa cada oración sobre cosas en la naturaleza.

1. El _____ es una planta que se encuentra en lugares secos.

2. Durante una tormenta, escuchas el trueno y ves los
   _____.

3. Cuando hay mucha _____, no se ve muy bien.

4. En el otoño, las _____ se caen de los árboles al suelo *(ground)*.

5. Si llueve sólo un poco, se dice que está _____.

3 Lee cada oración y nombra lo que está describiendo.

_____ 1. Es un lugar muy alto adonde va la gente para hacer escalada deportiva y para esquiar. En el invierno, nieva mucho aquí.

_____ 2. Es un lugar de piedra donde no hay mucha luz. Normalmente los osos viven allí.

_____ 3. Este pájaro come la carne de animales que ya se han muerto.

_____ 4. Es un lugar donde viven muchos peces. El Mississippi es un ejemplo.

_____ 5. Es un lugar donde hay muchos árboles altos y animales como osos y lobos.

_____ 6. Es un lugar muy árido donde casi nunca llueve y hace mucho calor.

_____ 7. Es una planta alta que tiene muchas hojas.

Copyright © by Holt, Rinehart and Winston. All rights reserved.

(**97**)

VOCABULARIO 1

4 Mira los dibujos y escribe una oración indicando qué tiempo hacía.

1   2

3   4

5   6   7

1. _____
2. _____
3. _____
4. _____
5. _____
6. _____
7. _____

5 Contesta las siguientes preguntas con oraciones completas. Inventa detalles.

1. ¿Adónde fuiste de vacaciones durante el invierno?

_____

2. ¿Qué tiempo hacía? ¿Estaba húmedo?

_____

3. ¿Qué te pasó cuando dabas una caminata?

_____

4. ¿Cuántas serpientes viste? ¿Qué hiciste?

_____

Cuaderno de vocabulario y gramática ▲

Copyright © by Holt, Rinehart and Winston. All rights reserved.

VOCABULARIO 1

6 Hugo pasó unos días en el bosque. Completa lo que escribió en su diario con palabras apropiadas.

Diario

19 de noviembre

Hoy muy temprano, nos pusimos una chaqueta y fuimos a dar una

(1)_____ por el otro lado del (2)_____.

Hacía mucho (3)_____. No podíamos ver bien porque

había (4)_____ y estaba (5)_____. Nos

dijeron que hacía 4 (6)_____ centígrados. Después de

caminar un rato, vimos un (7)_____ que volaba cerca de la

montaña. Cuando regresamos vimos un (8)_____ que

aullaba (*howled*) cerca de nosotros; la verdad es que nos dio un poco de

(9)_____, así que decidimos correr y

(10)_____, «¡Auxilio!» Fue un día interesante.

7 Escribe un párrafo sobre cada dibujo. Puedes escribir un párrafo descriptivo o inventar un cuento.

1. _____

_____

_____

2. _____

_____

_____

Copyright © by Holt, Rinehart and Winston. All rights reserved.

A nuestro alrededor

Comparing quantities; adjectives as nouns

- Use **más que, menos que,** and **tanto como** after the verb to compare how often something happens.

  Los osos duermen **más que** los lobos.   *Bears sleep **more than** wolves.*
  Los buitres vuelan **menos que** las águilas. *Vultures fly **less than** eagles.*
  No camino **tanto como** antes.   *I don't walk **as much as** before.*

- Use the expressions **más… que, menos… que,** and **tanto(a/os/as)… como** with **nouns** to compare quantities.

  Hay **más** tornados en este lugar **que** huracanes.
  *There are **more** tornadoes here **than** hurricanes.*
  En el desierto hay **menos** coyotes **que** serpientes.
  *In the desert there are **fewer** coyotes **than** snakes.*
  Este invierno hubo **tantas** tormentas **como** el invierno pasado.
  *This winter there were **as many** storms **as** last winter.*

- Use **más, menos, tanto, tantos, tanta,** and **tantas** without the noun to avoid repetition.

  —He tenido mucho **calor**.   *I've been very hot.*
  —Aquí hace **menos** que en el desierto. *It's less hot here than in the desert.*

---

8 Lee el párrafo y luego corrige las oraciones falsas que siguen.

¿Qué tiempo hace?

El clima de mi ciudad no es el mismo de antes. Antes hacía mucho frío. Ahora hace mucho calor. Recuerdo que en el mes de octubre ya hacía mucho frío y no podíamos jugar afuera. Ahora podemos jugar afuera en el verano y también en el otoño. Este verano llovió muy poco. El verano pasado llovía todos los días y vimos más flores. Lo bueno es que este año sólo pasó un tornado, no como el año pasado en que tuvimos tres.

1. Ahora hace más frío que antes. _____

2. Antes se podía jugar afuera en verano tanto como en otoño.

   _____

3. Este verano llovió más que el año pasado. _____

4. El año pasado hubo menos tornados que este año.

   _____

5. Hace menos calor ahora que antes. _____

6. Este año vimos tantas flores como el año pasado.

   _____

Copyright © by Holt, Rinehart and Winston. All rights reserved. (**100**)

GRAMÁTICA 1

> **Using the preterite and imperfect to begin a story**
>
> • You have used the **preterite** and the **imperfect** to tell what people and things were like, to give background information, to set the scene, and to tell about what happened.
>
> • When telling a story in the past, use both the preterite and the imperfect. Begin a story with the following expressions:
>
>   **Érase una vez**   **Había una vez**   **Hace unos (muchos, cinco…) años**
>
> • To say what happened in the past, use these expressions:
>
>   **de repente**   **en seguida**   **un día**
>
>   **Érase una vez** un joven a quien le **gustaba** dar caminatas por el bosque. Siempre **iba** con su perro. **Un día** se encontró con un lobo.
>   *Once upon a time, there was a boy who **liked** to take walks in the forest. He always **went** with his dog. **One day** he came upon a wolf.*

9 Tía Rosita está de visita y les cuenta un cuento a sus sobrinos. Completa el cuento con la forma correcta de los verbos o una expresión de la caja.

un día	necesitar	érase una vez	pasar
ver	caminar	de repente	perder
vivir	preguntar	estar	volar (*fly*)

(1)_____ un niño que (2)_____ en El

Paso. (3)_____ se (4)_____ en el

desierto. El pobre niño (5)_____ muy preocupado.

Caminaba y (6)_____ sin saber qué hacer. Un cactus le

(7)_____: "¿Qué te (8)_____?" "Me

perdí", dijo el niño, "y no sé cómo regresar a mi casa."

(9)_____ el cactus (10)_____ un

águila que (11)_____ por los árboles y le dijo al niño que lo

(12)_____ seguir para poder encontrar el camino a su casa.

Cuaderno de vocabulario y gramática ▲
Copyright © by Holt, Rinehart and Winston. All rights reserved. (101)

GRAMÁTICA 1

Using the preterite and imperfect to continue and end a story

- Remember the different uses of the imperfect and the preterite.
- Use these phrases to continue your story:

  fue cuando   entonces   luego   después

- Use these phrases to end your story:

  por fin   al final   vivieron felices   así fue que

---

10 Lee la historia de *Blancanieves* y escribe la forma correcta de los verbos entre paréntesis.

Érase una vez una muchacha que se llamaba Blancanieves que (1)_____

(vivir) con su madrastra *(stepmother)*. Blancanieves (2)_____

(ser) muy bonita. Un día, su madrastra le (3)_____ (preguntar) a su

espejo, «¿Quién es la más bonita?» El espejo le (4)_____ (decir),

«Blancanieves.» La madrastra le (5)_____ (decir) a un cazador *(hunter)*,

«Blancanieves tiene que morirse.» Pero él (6)_____ (ser) un hombre

amable y no pudo matarla.

11 Escribe oraciones para continuar el cuento de *Ricitos de oro.*

Una vez había tres osos que vivían en una casa del bosque: Papá, Mamá y Bebé.

(un día / Mamá / hacer / sopa rica) _____

_____

Papá puso tres platos en la mesa.

(como / ser / mediodía / ellos / sentarse / para comer) _____

_____

Todos tenían mucha hambre.

(Papá / probar / la sopa / primero / estar / demasiado caliente) _____

_____

Bebé y Mamá no podían comerla porque su sopa estaba tan caliente como la de
Papá.

(los osos / decidir / dar una caminata / mientras / esperar / porque / hacer / sol)

_____

_____

Copyright © by Holt, Rinehart and Winston. All rights reserved. **(102)**

A nuestro alrededor

12 Completa el crucigrama usando las pistas de abajo.

HORIZONTAL

1. Deporte que se practica debajo del agua.

2. Donde se junta el agua y la tierra.

4. Lugar con mucha arena donde termina el mar.

5. Sacar peces del mar o del río.

8. Protegen los ojos del sol. (3 palabras)

VERTICAL

1. Sirven para ver de cerca lo que está muy lejos.

3. Lámpara de mano.

6. Se encuentra en las playas.

7. Da calor por las noches en un campamento.

13 Completa las analogías con la palabra o frase correcta.

1. cuidar la piel : crema protectora :: pescar: _____

2. noche : linterna :: lejos : _____

3. remar : remos (*oars*) :: volar : _____

4. árbol : pájaros :: mar : _____

5. naturaleza : ecoturismo :: tienda de campaña : _____

6. frío : montañas :: calor : _____

7. arena : playa :: árboles : _____

Copyright © by Holt, Rinehart and Winston. All rights reserved.

VOCABULARIO 2

14 Miguel va a ir de vacaciones a la costa y habla de lo que se puede hacer allí. Escribe si lo que dice es **lógico** o **ilógico.** Para el número ocho, escribe una oración lógica original.

_____ 1. Para volar con ala delta hay que subir a una montaña.

_____ 2. Se puede remar fácilmente cuando el mar tiene olas grandes.

_____ 3. Para explorar cuevas debajo del mar, necesitas una linterna y saber bucear.

_____ 4. Si sabes nadar bien, puedes tirarte al agua.

_____ 5. A muchas personas les gusta observar la naturaleza con binóculos.

_____ 6. No se necesita viento ni brisa para hacer windsurf.

_____ 7. Se puede hacer ecoturismo en un edificio.

_____ 8. _____

15 Vas a ir a la costa y un amigo te pregunta qué vas a hacer allí. Contesta sus preguntas con oraciones completas usando las palabras entre paréntesis.

1. ¿Adónde vas a ir este fin de semana? (costa)

_____

2. ¿Qué van a hacer tú y tus amigos si hay viento? (windsurf)

_____

3. ¿Qué vas a hacer en el mar? (bucear)

_____

4. ¿Qué vas a hacer si hay marea baja? (caracoles)

_____

5. ¿Adónde van tu familia y tú? (ballenas)

_____

6. ¿Qué más van a hacer allí? (ecoturismo)

_____

7. ¿Qué van a hacer tú y tu familia en el mar? (las olas)

_____

Copyright © by Holt, Rinehart and Winston. All rights reserved.

VOCABULARIO 2

16 El papá de Manuel viaja mucho y siempre se pregunta *(wonders)* cómo será el clima en los lugares adonde viaja. Contesta sus preguntas, usando **será, hará** o **habrá.**

¿Cómo será el clima…

1. en la costa de Florida?

   _____

2. en los bosques de California?

   _____

3. en el estado de Texas?

   _____

4. en las montañas de Alaska?

   _____

5. en una isla tropical?

   _____

6. en el desierto de Nevada?

   _____

17 Luis está nervioso porque mañana se va de viaje. Completa lo que dice con palabras que tienen sentido.

MODELO _____Mañana_____ voy a Cancún.

No sé cómo será el (1)_____ de la

costa. ¿(2)_____ mucho calor? Espero

poder hacer un poco de (3)_____. Me

encanta observar los animales y dar caminatas. ¿Dónde

(4)_____ mis gafas de sol y mi

(5)_____? No quiero quemarme.

Y como quiero observar la naturaleza, voy a tener que llevar mis

(6)_____. Creo que mi viaje va a ser

muy (7)_____.

Copyright © by Holt, Rinehart and Winston. All rights reserved.

A nuestro alrededor

Subjunctive mood for hopes and wishes

• Use the **subjunctive mood** to talk about something you hope or wish for.

• When **que** is used to join one sentence to another to express a hope or wish, the verb after **que** is in the **subjunctive.**

    Marta **desea** *que* las olas **sean** grandes.

• To form the **present subjunctive,** add the following **endings** to the present indicative **yo** form.

	-ar	-er	-ir
yo	compre	conozca	salga
tú	compres	conozcas	salgas
Ud., él, ella	compre	conozca	salga
nosotros(as)	compremos	conozcamos	salgamos
vosotros(as)	compréis	conozcáis	salgáis
Uds., ellos, ellas	compren	conozcan	salgan

• Some verbs are irregular in the **subjunctive.**

ir		ser		volver (ue)	
vaya	**vayamos**	**sea**	**seamos**	**vuelva**	**volvamos**
vayas	**vayáis**	**seas**	**seáis**	**vuelvas**	**volváis**
vaya	**vayan**	**sea**	**sean**	**vuelva**	**vuelvan**

18 Raúl y su familia están de vacaciones. ¿Qué prefiere hacer cada uno? Escribe el subjuntivo del verbo entre paréntesis.

    1. Alicia espera que la isla _____ (ser) maravillosa.

    2. Raúl espera que su papá _____ (comprar) unos binóculos.

    3. Mariana quiere que todos _____ (explorar) cuevas.

    4. El hermano menor quiere que Mariana _____ (llevar) el balón de playa.

    5. Yo quiero que papá _____ (ir) a la tienda por cañas de pescar.

    6. Él prefiere que yo _____ (ir) a comprarlas.

    7. Mamá espera que nosotros _____ (volver) a tiempo para ir a la escuela.

Copyright © by Holt, Rinehart and Winston. All rights reserved.

GRAMÁTICA 2

Subjunctive of stem-changing -ir and irregular verbs

• Use the **subjunctive mood** after the expression **ojalá que.**

  Ojalá que (tú) **pidas** ese regalo.

• Stem changing **-ir** verbs have the following **stem changes** in the subjunctive.

	dormir(o → **ue, u**)	sentirse(e → **ie, i**)	pedir(e → **i**)
yo	d**ue**rma	me s**ie**nta	p**i**da
tú	d**ue**rmas	te s**ie**ntas	p**i**das
Ud., él, ella	d**ue**rma	se s**ie**nta	p**i**da
nosotros(as)	d**u**rmamos	nos s**i**ntamos	p**i**damos
vosotros(as)	d**u**rmáis	os s**i**ntáis	p**i**dáis
Uds., ellos, ellas	d**ue**rman	se s**ie**ntan	p**i**dan

• The verbs **estar** and **dar** have irregular endings in the present subjunctive. The verb **haber** has only one form: **haya. Saber** is also irregular in the present subjunctive.

	estar	**dar**	**saber**
yo	**esté**	**dé**	**sepa**
tú	**estés**	**des**	**sepas**
Ud., él, ella	**esté**	**dé**	**sepa**
nosotros(as)	**estemos**	**demos**	**sepamos**
vosotros(as)	**estéis**	**deis**	**sepáis**
Uds., ellos, ellas	**estén**	**den**	**sepan**

---

19 Sonia habla con su mamá sobre sus próximas vacaciones y le dice lo que quiere. Completa el diálogo con el subjuntivo de los verbos entre paréntesis.

—Espero que (**1**)_____ (nosotros / ir) de camping al bosque.

—Ojalá que (**2**)_____ (yo / poder) poner la tienda de campaña esta vez.

—Tú papá quiere que (**3**)_____ (ustedes / remar) en el lago.

—Sí, vamos a remar, pero ojalá que no (**4**)_____ (haber) viento.

—Vamos a ver el pronóstico del tiempo para que (**5**)_____ (nosotros / saber) qué podemos hacer.

—Está bien. Sólo espero que papá no (**6**)_____ (él / pedir) que

(**7**)_____ (nosotros / nadar) por la mañana, ¡el agua está muy fría!

—Bueno, ojalá que cuando (**8**)_____ (nosotros / estar) allá no

(**9**)_____ (tú / acostarse) tarde.

Holt Spanish 2

Cuaderno de vocabulario y gramática ▲

Copyright © by Holt, Rinehart and Winston. All rights reserved.

The future tense
• Use the future tense to say what will or will not happen. Add these endings to the infinitive of a verb to form the **future tense**.

	estar	ver	ir
yo	estaré	veré	iré
tú	estarás	verás	irás
Ud., él, ella	estará	verá	irá
nosotros(as)	estaremos	veremos	iremos
vosotros(as)	estaréis	veréis	iréis
Uds., ellos, ellas	estarán	verán	irán

Irán a bucear antes de irse.   They **will go scuba diving** before they leave.

• The future of **hay** is **habrá** (there will be).

• These verbs have an irregular stem in the future tense.

decir: **dir-**   poner: **pondr-**   valer: **valdr-**
hacer: **har-**   querer: **querr-**   venir: **vendr-**
poder: **podr-**   salir: **saldr-**   tener: **tendr-**

En la costa **querrás** remar y **dirás** que es muy fácil.
*On the coast, **you'll want** to row and **you will say** that it's very easy.*

• The future tense is also used to say *what is likely to happen.*

Tú te **sentirás** feliz.   *You **will probably be** very happy.*

20 Tu hermano tiene muchas preguntas sobre las vacaciones de tu familia. Contesta sus preguntas con oraciones completas. Justifica tus respuestas.

1. ¿Tú y yo pescaremos?
_____

2. ¿Mamá y Papá se bañarán en el mar?
_____

3. ¿Me enseñarás a pescar?
_____

4. ¿Observarás la naturaleza?
_____

5. ¿Tú y tus amigos explorarán cuevas?
_____

6. ¿Bucearás en el mar?
_____

Copyright © by Holt, Rinehart and Winston. All rights reserved.   108

De vacaciones

CAPÍTULO

VOCABULARIO 1

1 Marcos y Julieta juegan a las adivinanzas. Marcos describe algo y Julieta le dice qué es. Escribe la parte de Julieta.

MODELO **Marcos** Si quieres llamar por teléfono y no tienes dinero, puedes...
Julieta hacer una llamada por cobrar.

Marcos Si no tienes carro puedes...
Julieta _____

Marcos Para conocer una ciudad nueva, puedes encontrar lugares de interés con...
Julieta _____

Marcos Si no quieres pagar un hotel, puedes...
Julieta _____

Marcos Si quieres saber los lugares principales para visitar, debes tener una...
Julieta _____

Marcos Para poder sacar fotos con una cámara, necesitas un...
Julieta _____

Marcos Para hacer una llamada desde la calle si no tienes teléfono celular, usas...
Julieta _____

2 Estos turistas piden y reciben algunas recomendaciones. Escribe la letra de la oración que corresponda según el contexto.

_____ **1.** ¿Qué hotel me recomienda?

_____ **2.** ¿Dónde puedo hacer una llamada por cobrar?

_____ **3.** ¿Qué restaurante me recomienda?

_____ **4.** ¿Debo tomar un autobús para llegar allí?

_____ **5.** ¿Qué hay que hacer por aquí?

_____ **6.** ¿Se puede recorrer el puerto en lancha?

a. ¿Ya probó la comida de "La casa bonita"? Es muy rica.
b. Si no ha ido al acuario, debe ir. Es uno de los mejores.
c. Yo le recomiendo que tome un taxi; no son caros.
d. Hay una cabina telefónica en la esquina.
e. Sí, pero necesita hacer una reservación.
f. Por supuesto. Es gratis.
g. Hay uno bonito y muy limpio cerca de aquí.

Copyright © by Holt, Rinehart and Winston. All rights reserved.

3 Unos amigos están de viaje. Hablan de las compras y piden información. Mira los dibujos y completa las oraciones.

1.

2.

3.

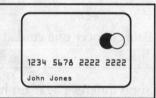

4.

5.

6.

7.

1. Tengo que _____ los cheques de viajero antes de pagar.

2. ¿Por qué no vamos ahora a _____ sobre los horarios de los bancos?

3. Sí, vamos a la _____. Allí también dan información sobre los lugares que queremos visitar.

4. Aquí no se aceptan _____. Pago con cheques de viajero.

5. Necesito ir a los _____ antes de salir.

6. ¿Dónde puedo _____?

7. ¿Crees que esta cantidad de dinero _____ es suficiente?

4 Completa cada oración con la palabra o frase apropiada.

1. Si estás visitando una ciudad por primera vez, eres un _____.

2. Para pagar en efectivo, necesitas moneda y _____.

3. Cuando llegas a un hotel, el _____ puede ayudarte con tu equipaje.

4. Puedes hospedarte en un hotel, un albergue juvenil o una _____.

Copyright © by Holt, Rinehart and Winston. All rights reserved.

VOCABULARIO 1

5 Eres recepcionista en un hotel y los clientes te hacen muchas preguntas. Contesta sus preguntas usando palabras y frases del cuadro.

hoy	hay	cerca	enfrente del museo
vender	quiosco	preguntar	no sé
gratis	por supuesto	primero	piso
no venir a trabajar	ayuntamiento	izquierda	

1. ¿Me podría decir a qué hora llega el botones?

   _____

2. Disculpe, ¿dónde hay un albergue juvenil por aquí?

   _____

3. ¿Sabe usted dónde puedo comprar una guía turística?

   _____

4. ¿Me podría decir si hoy abre el teatro?

   _____

5. Disculpe, ¿sabe usted cuánto cuestan las entradas?

   _____

6. ¿Dónde están los aseos en este edificio?

   _____

6 Unos estudiantes están en el centro de una ciudad que visitan y piden información en lugares diferentes. Escribe una pregunta diferente para cada lugar abajo.

1. farmacia _____

2. pensión _____

3. aseos _____

4. aeropuerto _____

5. oficina de turismo _____

6. ayuntamiento _____

7. metro _____

8. museo _____

9. albergue juvenil _____

10. banco _____

Copyright © by Holt, Rinehart and Winston. All rights reserved.

De vacaciones

The present perfect

- Use the present perfect to…

    - say what has or has not happened in the time leading up to the present.
    Todavía no **ha comprado** los boletos.   *He still **hasn't bought** the tickets.*
    - talk about something that happened very recently.
    Hemos comido en este restaurante.   *We've eaten in this restaurant.*

- The present perfect is formed with the present tense of the verb **haber** followed by the past participle of the main verb.

yo	**he subido**	nosotros(as)	**hemos subido**
tú	**has subido**	vosotros(as)	**habéis subido**
Ud., él, ella	**ha subido**	Uds., ellos, ellas	**han subido**

- Add the ending **-ído** to **-er/-ir** verbs with stems ending in **-a, -e,** or **-o** to form the past participle.

    Nunca me **he reído** tanto.   *I have never laughed so much.*
    The past participle of the verb **ir** is **ido.**

- Reflexive and object pronouns go before the conjugated form of **haber** in the present perfect.

    Necesito la guía turística. **¿La has visto?**   *I need the guidebook. **Have you seen it?***

7 Con las palabras abajo, escribe oraciones en el presente perfecto para explicarle a tu mamá qué han hecho hoy tú y tus amigos.

1. Clara / viajar / Canadá / avión

    _____

2. Roberto y yo / pedir información / albergue juvenil

    _____

3. Yo / comprar / entradas / museo

    _____

4. Jaime y Frida / llamar / recepcionista / pedirle / llave

    _____

5. Luis y yo / perder / tarjeta de crédito / pensión

    _____

6. Yo / tomar / taxi / centro

    _____

Copyright © by Holt, Rinehart and Winston. All rights reserved.

Nombre _____ Clase _____ Fecha _____

CAPÍTULO

10 ▲

GRAMÁTICA 1

Irregular past participles

• Some verbs have irregular past participles.

romper: **roto**	decir: **dicho**	ver: **visto**
abrir: **abierto**	hacer: **hecho**	escribir: **escrito**
freír: **frito**	volver: **vuelto**	poner: **puesto**
morir: **muerto**		

No **he abierto** la carta que recibí.   *I haven't opened the letter I received.*

---

8 La familia Gómez está de vacaciones en la playa. Escribe lo que ha(n) hecho, utilizando palabras del cuadro.

escribir cartas	ver peces	poner...
volver al / del...	hacer...	bañarse...

1. Marta _____

2. Los señores Gómez _____

3. Tú _____

4. Roberto y yo _____

5. Yo _____

6. Raúl _____

9 Tío Alberto está de vacaciones en Alaska, y te llama por teléfono. ¿Qué le preguntas? Usa los verbos abajo para hacer tus preguntas.

1. (ver / las fotos) _____
2. (ponerse / la chaqueta) _____
3. (escribir / la familia) _____
4. (hacer / un tour) _____
5. (volver / ese restaurante) _____
6. (abrir / paquete) _____
7. (romper / caña de pescar) _____

Copyright © by Holt, Rinehart and Winston. All rights reserved. (113)

GRAMÁTICA 1

> ## Subjunctive for giving advice
>
> - Use these expressions followed by the subjunctive form of a verb for giving advice or an opinion.
>
> | | |
> |---|---|
> | **Es mejor que...** | *It's best that...* |
> | **Es buena idea que...** | *It's a good idea to...* |
> | **Es importante que...** | *It's important that...* |
>
>   **Es buena idea que llames a tus padres al llegar.**
>   *It's a good idea to call your parents when you arrive.*
>
> - Use these expressions followed by the subjunctive verb form to give advice.
>
> | | |
> |---|---|
> | **aconsejarle (a alguien) que...** | *to advise (someone) to...* |
> | **recomendarle (a alguien) que...** | *to recommend that (someone)...* |
> | **sugerirle (a alguien) que...** | *to suggest that (someone)...* |
>
>   **Te aconsejo que busques a la recepcionista por la mañana.**
>   *I advise you to look for the receptionist in the morning.*

10 Dale a tus amigos un consejo lógico. También escribe algo que no les recomiendas.

> **MODELO** Voy a la playa. **Te sugiero que lleves un traje de baño.**
> **No te recomiendo que tomes demasiado sol.**

1. Voy a hacer ecoturismo.

   _____

   _____

2. Voy a hacer camping en las montañas.

   _____

   _____

3. Voy a dar una caminata por el centro turístico.

   _____

   _____

4. Voy a hacer una llamada por cobrar.

   _____

   _____

5. Voy a explorar cuevas.

   _____

   _____

Copyright © by Holt, Rinehart and Winston. All rights reserved. (114)

Nombre _____ Clase _____ Fecha _____

CAPÍTULO

10

VOCABULARIO 2

De vacaciones

11 Completa el crucigrama *(crossword puzzle)* usando las pistas *(clues)* de abajo.

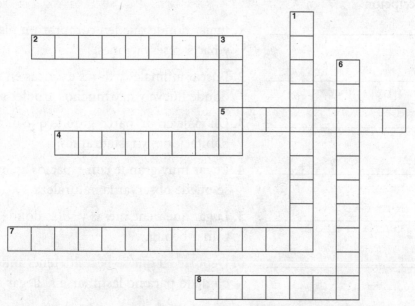

HORIZONTAL

2. Son regalitos que compras cuando estás de vacaciones.

4. Es un lugar donde se cae el agua.

5. Mt. St. Helens y Mt. Vesuvius son ejemplos de éstos.

7. Son aguas calientes. (2 palabras)

8. Es un barco enorme y elegante.

VERTICAL

1. Necesitas esta cosa para saltar de un avión.

3. Es un lugar con muchos árboles y animales donde llueve mucho.

6. La gente que da caminatas por el campo hace esta actividad.

12 Completa el siguiente correo electrónico de Nacho a su mamá.

Hola, Mamá. Como te quiero mandar un correo electrónico, he venido a un

(1)_____. Hoy conocí a muchas personas porque me hospedé en un

albergue juvenil. (2)_____ de una muchacha uruguaya y

un muchacho argentino. Les gusta mucho el mar y quieren visitar muchas islas

tropicales. Por eso van a (3)_____. Bueno, me voy porque

he quedado en ir al cine con mis nuevos amigos. Adiós, (4)_____ de menos.

Holt Spanish 2

Copyright © by Holt, Rinehart and Winston. All rights reserved.

(115)

Cuaderno de vocabulario y gramática ▲

VOCABULARIO 2

13 Antes de salir de viaje, los padres de José y Lola quieren saber si sus hijos saben qué van a ver y conocer. Escribe el lugar o actividad que corresponde a cada descripción.

_____ **1.** Lugar donde pueden comprar un plano y hacer reservaciones.

_____ **2.** Buscar animales y flores exóticas en un lugar donde llueve y hay muchos árboles altos.

_____ **3.** Un viaje en un barco grande que tiene habitaciones y restaurantes.

_____ **4.** Lugar muy grande con espacios abiertos donde se puede observar la naturaleza.

_____ **5.** Lugar que tiene mesas y sillas donde se puede tomar bebidas.

_____ **6.** Deporte en que se necesita tener mucho cuidado para no lastimarse al llegar a la tierra.

14 Durante su viaje, Lola le escribió un correo electrónico a su amiga Alina. Escribe la palabra que mejor completa cada oración.

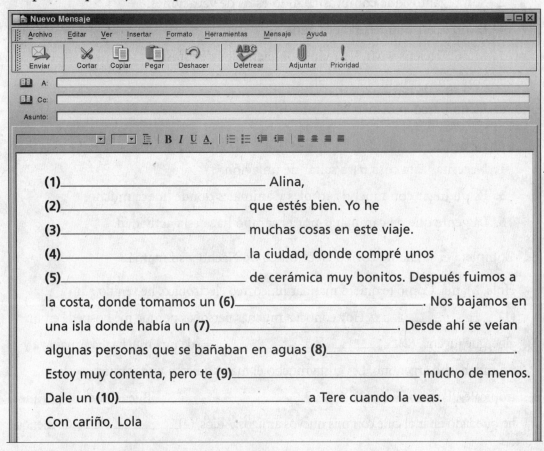

(1)_____ Alina,

(2)_____ que estés bien. Yo he

(3)_____ muchas cosas en este viaje.

(4)_____ la ciudad, donde compré unos

(5)_____ de cerámica muy bonitos. Después fuimos a

la costa, donde tomamos un (6)_____. Nos bajamos en

una isla donde había un (7)_____. Desde ahí se veían

algunas personas que se bañaban en aguas (8)_____.

Estoy muy contenta, pero te (9)_____ mucho de menos.

Dale un (10)_____ a Tere cuando la veas.

Con cariño, Lola

Copyright © by Holt, Rinehart and Winston. All rights reserved.
(116)

VOCABULARIO 2

15 Dos amigos se encuentran después de un tiempo de no verse. Completa la conversación con las palabras apropiadas.

—¿Cómo (1)_____? Hace mucho que no te veo.

—Muy bien. Cuéntame, ¿qué (2)_____ tienes de Miguel?

—No lo vas a (3)_____. ¡Está tomando un

(4)_____ por el Caribe!

—¡No me (5)_____! Qué bien.

—¿(6)_____ que en el verano fui a

(7)_____ la selva en América del Sur?

—No lo sabía. (8)_____ lo que

(9)_____ durante tu viaje.

—Algo muy emocionante. El tercer día nos llevaron a hacer

(10)_____. De

(11)_____ un

(12)_____ que estaba cerca hizo

erupción...

16 Una persona habla por teléfono y tú sólo escuchas lo que responde. Escribe una pregunta para cada respuesta.

MODELO _____

Sí, estoy planeando lo que voy a hacer.

1. _____

No lo vas a creer, pero toma baños en aguas termales. ¡Imagínate!

2. _____

¿Un volcán? ¡No me digas! ¿Dónde?

3. _____

¿El mercado? No. Estaba pensando en ir a un cibercafé. ¿Y tú? ¿Tienes planes?

4. _____

Daba una caminata por el parque cuando de repente, cayó una tormenta.

5. _____

Aprendí sobre los animales e hice muchas otras cosas.

Copyright © by Holt, Rinehart and Winston. All rights reserved.

(117)

De vacaciones

The preterite and imperfect

Use the preterite to talk about the past

- on a specific occasion or a specific number of times
  Nadé en la playa **en el verano.**   *I swam at the beach in the summer.*
- for a specific period of time
  Sólo **estuve** en el parque **dos horas.**   *I was at the park for only two hours.*
- in a sequence of events
  Paramos un taxi y nos **subimos.**   *We stopped a taxi and got in.*
- as a reaction to something else
  Sentí miedo cuando lo **vi.**   *I was scared when I saw it.*

Use the imperfect to

- say what people, places, or things were generally like
  Hace unos días no **hacía** tanto calor.   *A few days ago, it wasn't this hot.*
- say what used to happen for an unspecified period of time
  Nosotros siempre **viajábamos.**   *We always used to travel.*
- set the scene
  Tenía mucha hambre. No **encontraba** nada que comer.
  He was very hungry. He couldn't find anything to eat.
- explain the background circumstances surrounding an event
  Él **subía** la escalera y yo **bajaba.**
  He was going up the stairs and I was going down.

---

17 Martín se fue de vacaciones y uno de sus amigos cuenta lo que hizo. Escribe un verbo que hace sentido para completar las oraciones.

Martín (1)_____ a Sevilla en abril. Él

(2)_____ muchas ganas de conocer esa ciudad.

(3)_____ muy contento y le (4)_____ un

sueño estar allí; se (5)_____ con unos parientes. Ellos le

(6)_____ que en ese mes se (7)_____ las

fiestas de Sevilla. Martín se (8)_____ muy contento cuando lo

oyó porque (9)_____ ver cómo (10)_____

esa celebración. La gente (11)_____ muy alegre, todas las

mujeres (12)_____ vestidas con trajes de colores y flores en el

pelo. Algunos (13)_____ ropa de blanco y negro.

Copyright © by Holt, Rinehart and Winston. All rights reserved.

GRAMÁTICA 2

Review of the present progressive and the future

- To form the present progressive, combine a conjugated form of **estar** with the present participle.

    Ella **está vendiendo** las entradas.   She **is selling** the tickets.

- Use the future tense to say what will happen.

    Tomaremos un café y luego **nos iremos** al museo.
    We **will have** a coffee and then **we will leave** for the museum.

- Use the future tense to ask about or predict what might be happening.
    ¿**Habrán** ido al centro?   I **wonder if they have gone** to the city.

---

18 Rocío trabaja en el aeropuerto de Bogotá. Allí observa todo lo que pasa. Completa las oraciones usando el **presente progresivo** y los verbos del cuadro.

ayudar	caminar	trabajar	llegar	facturar
esperar	pasar	enseñar	hacer	

1. La familia _____ al aeropuerto.

2. Algunos taxistas _____ a bajar las maletas.

3. Nosotros _____ el equipaje en el mostrador.

4. Allí _____ sus boletos de avión.

5. Las maletas _____ el control de seguridad.

6. En la sala, la gente _____ la salida del avión.

7. La gente del aeropuerto _____.

19 Dos hermanos se preguntan qué estará haciendo la gente que conocen durante su viaje. Escribe oraciones para decir o predecir lo que harán las personas.

MODELO Nuestros abuelos _estarán recorriendo Buenos Aires._

1. Paco _____

2. Los jóvenes _____

3. Nuestros amigos _____

4. Ana _____

5. Papá _____

Copyright © by Holt, Rinehart and Winston. All rights reserved. (119)

GRAMÁTICA 2

Review of the subjunctive

• Use the subjunctive after the following expressions.

querer que	Quiere que **vayas** al aeropuerto.
preferir que	Prefiero que no **salgamos** esta noche.
esperar que	Espero que **tengamos** buen tiempo.
ojalá que	Ojalá que **vayamos** con mis amigos.
recomendar que	¿Me recomiendas que **visite** esa ciudad?
aconsejar que	Te aconsejo que **lleves** cheques de viajero.
Es mejor que	Es mejor que no **salgan** de noche en este vecindario.
Es buena idea que	Es buena idea que **compres** una cámara.

• When the speaker is talking about him or herself, use an infinitive after **querer, preferir,** and **esperar.**

Espero salir del hotel temprano. **Espero que salgas** del hotel temprano.
(subjunctive)

---

20 Estos viajeros te piden consejos. Hazle una recomendación a cada uno. Usa las expresiones del cuadro de arriba.

1. Una profesora va a visitar un museo.

   _____

2. Un niño de nueve años viaja solo en avión.

   _____

3. Dos estudiantes de tu colegio van a esquiar.

   _____

4. Unos muchachos van a hacer senderismo.

   _____

5. Una familia va a las cataratas de Agua Azul.

   _____

6. Un grupo de parientes viaja a Europa.

   _____

7. Dos señoras van a bañarse en aguas termales.

   _____

8. Dos jóvenes van a hacer camping.

   _____

Holt Spanish 2

Cuaderno de vocabulario y gramática ▲

Copyright © by Holt, Rinehart and Winston. All rights reserved.